행복한
육아
004

우리 아이 좋은 버릇들이기

우리 아이 좋은 버릇들이기

이원영 글 | 김동성 그림

샘터

"선생님, '아이의 나쁜 버릇을 고치는 백과 사전' 같은 책을 써보세요.
문제가 생길 때마다 들춰보고 얼른 해결책을 찾을 수 있잖아요.
아이가 울 때는 '울음' 에 대해 찾아보고
어떻게 해야 할지 바로 알 수 있는 책이 있다면 좋겠어요."

"그런 책은 쓰기 힘들겠는데요. 울음도 얼마나 종류가 다양합니까?
화가 나서, 아파서, 불쾌해서, 무서워서 등 울게 되는 이유는
수십 가지나 되잖아요.
아이들만 그런가요? 부모들도 다 제각각인데
어떻게 똑 떨어지게 백과 사전을 쓰겠어요?"

백이면 백 모두 다른 아이,
정답이 없는 육아…….
그러나 원리는 있지 않을까요?

아무도 알려주지 않았던 자녀 교육의 지름길

17년째 아동상담을 하면서 느끼는 것은, 해가 갈수록 아이를 잘 키우고자 하는 부모의 욕심은 늘어나는 반면 육아에 대해선 점점 자신 없어하고 불안해한다는 점이다. 이것은 핵가족으로 지내면서 부모들이 육아 경험자들의 지혜를 조언 받을 수 있는 기회가 적어졌다는 것과, 아이를 키우는 환경이 점점 빠르게 변화하면서 나타난 결과이다.

나는 매일같이 부모들에게 아이가 상담 받으러 온 문제행동에 대한 이유를 설명하여, 부모가 아이를 이해하도록 도울 뿐 아니라 어떻게 하면 빨리 문제행동에서 벗어나게 할 수 있는지 지도해주고 있다. 그리고 부모의 행동을 일일이 검토하여 자신의 자녀에게 맞는 방법을 일러준다.

문제행동은 아이의 기질이나 신체적인 이유에서 발생하는 경우도 있지만 그런 때조차도 부모가 잘못 다루어서 문제가 더 커지는 경우가 많다. 그러므로 문제행동을 빨리 없애려면 부모가 아이를 어떻게 다루어야 할지에 대하여 알아야 하고, 아이에 맞는 가치관과 태도를 가져야 한다.

그런데 대부분의 부모들은 아이에게 맞는 행동이 무엇인지 잘 모르고, 어떻게 실천해야 할지도 막막하니 당황하고 힘들어한다. 이 책은 바로 이러한 순간에 부모들에게 바른 육아관, 양육 태도를 가르쳐주는 커다란 지침이 될 수 있다.

특별히 저자는 아동심리와 아동상담에 많은 관심을 보여 유아교육과 대학원에 항상 '놀이치료', '아동의 문제행동 지도' 등의 과목을 개설하여 상담 현장에 있는 강사의 생생한 강의를 듣고 학생들이 유아 교육 현장에서 깊이 있는 아동지도를 할 수 있도록 남다른 애를 썼다.

이런 관심이 이번 저서에도 그대로 반영되는 것을 볼 수 있다. 책 전반에는 아이들 심리 상태를 그대로 대변하여 주고 있다. 저자는 유아 교육 분야의 전문가일 뿐 아니라 세 딸의 어머니이고, 손자 손녀의 할머니라는 역할을 하면서 더욱 친근하고 생생하게 이야기를 풀어나가고 있다. 아주 섬세하고 구체적인 언어로 부모들이 궁금해하는 부분들을 꼭꼭 집어가면서 자상하게 가르쳐주고 있다.

이 책에서 가르쳐주는 대로만 부모들이 잘 따라 한다면 아이가 상담 센터를 찾을 일이 줄어들 것이다. 아이들을 잘 기르기 위한 것뿐 아니라 현재 가진 문제행동도 해결하고, 더 나아가 예방의 효과까지 기대해볼 수 있도록 쓰여졌기 때문이다.

원광아동상담소 부소장, 숙명여대 아동복지학과 겸임교수

신철희

최선을 다하는 부모들에게

이 책보다 먼저 출간된 『젊은 엄마를 위하여』(샘터)를 읽고 도움이 되었다는 전화와 편지를 많이 받았다. 아이를 데리고 직접 연구실로 찾아온 부모님들도 계셨다. 자녀를 잘 키우려고 부단히 노력하는 젊은 부모들을 도울 방법이 없을까 생각하던 중, 1985년 11월부터 KBS 제1라디오 프로그램 「자녀 교육 상담실」에서 '영유아를 위한 자녀 교육 상담' 코너를 진행하게 되었다.

전국 방방곡곡에서 걸려 오는 상담 전화에 응하면서 알게 된 제일 큰 문제점은, 어머니들이 의외로 아이들과 어떻게 대화해야 할지 모른다는 것이었다. 대화만 제대로 이루어져도 많은 문제행동들이 예방될 수 있는데 보통의 어머니들은 대화가 잘 되지 않아 힘들어했다. 어머니의 노력에도 불구하고 아이가 문제행동을 보이니 몹시 딱했다. 그 중에는 유아 교육에 대한 지식이 있다면 손쉽게 대처할 수 있는 일도 꽤 많았기 때문에 안타까운 마음이 컸다.

아이들은 태엽만 감아주면 작동하는 로봇이 아니다. 자기 나름의 느낌과 생각이 있기 때문에, 어떻게 대해주느냐에 따라 유순하게 반응하기도 하고 반항하고 소리지르며 자기를 보호하려고도 한다.

기본적인 유아 교육 지식과 당시의 상담 사례, 나 자신의 육아 경험을 엮어서 쓴 이 책은 '부부 자신의 준비(1장)', '아기의 언어 발달(2~3장)', '좋은 버릇들이기(4~6장)' 의 세 영역으로 구성하였다.

'부부 자신의 준비' 에서는, 자녀 양육을 위한 부모의 과제들을 다루었다. 부부 자신이 화목한 관계를 가져야 하며, 어린이의 입장에서 생각해보는 아이 중심적 교육관이 필요하다는 점을 강조했다.

'아기의 언어 발달' 은 특히 쉽게 간과해버리는 부분이다. 그러나 아이가 말을 배우기 전부터 부모는 아이에게 수시로 말을 건네며 이야기를 시도해야 하며 이러한 언어 활동이 제대로 되어야만 질풍노도의 시기인 사춘기에도 문제를 최소화할 수 있다. 특히 이 책에서는 말 못 하는 갓난아기부터 세 돌까지의 영아를 위해 어른들이 할 수 있는 일들을 수록해 놓았다. 이 부분은 1985년 유네스코 교육부에서 어린이를 잘 키울 수 있는 '가정 교육 지침서' 가 있어야 하지 않겠느냐고 제의한 것이 계기가 되었다. 요즈음 유아들의 언어 교육이 지나치게 주입식이고 어른 중심이어서 도리어 아이들을 불행하게 하는 현실에 대한 대안으로 쓴 것이기도 하다.

'좋은 버릇들이기' 는 부모가 실생활에서 어떤 태도로 아이와의 대화에 임해야 하는지 만화와 함께 쉽게 설명해보려고 애썼다. 처음부터 끝까지 차례로 읽으려 하지 말고 필요한 부분을 먼저 찾아 읽어도 된다.

부모들에게 조그마한 도움이라도 된다면 더이상 바랄 것이 없다는 마음으로 이 책을 겸손히 내놓으려 한다.

2004년 봄, 책을 다시 읽어보며

이 원 영

차례

1 유능한 부모는 아이의 행동을 듣는다

6 문제행동, 유형별 분석

아이가 한참 이야기했는데도 부모가 전혀 그 말을 이해하지 못했다면 '건성으로 듣는 태도'를 갖고 있는 것이다. 상대방의 말을 듣고 뜻을 이해할 때 '적극적으로 듣는 태도가 형성되었다'고 한다. 아주 어린 아이들도 어른이 자기의 마음을 알아주는지 그렇지 않은지 잘 안다. 비록 말은 못 하지만 느낌으로 사람을 알아본다.

유능한 부모는 아이의 행동을 듣는다

문제아 뒤에는 문제 부모가 있다. — 닐(영국 교육자)

자녀 양육의 첫걸음 '인격 수양'

부모와 자녀가 행복한 관계를 유지하는 것은 '축복'이다. 매일 얼굴을 마주 대하는 사람들끼리 왕왕 싸우고 반목한다면 어떻겠는가? 부부는 도저히 맞지 않는 경우엔 이혼이라도 한다고 하지만, 자식은 피를 나누었기 때문에 헤어질 수도 없다. 그러니 헤어질 수 없는 사람들이 잘 지내는 건 축복일 밖에.

서로가 서로를 위하고 이해하고 협력하며 살아가려면, 무엇보다도 마음가짐, 즉 인격의 성숙이 필요하다. 지나친 욕심이 없다면 모가 날 일도, 다툴 일도 없다.

> 커다란 도道는 어디에나 넘쳐흘러서 자유자재로 왼쪽, 오른쪽 어느 쪽으로나 갈수 있다. 만물은 커다란 도에 의지하여 생성되는데, 도는 이러한 의존을 마다하지 않는다. 또한 공功을 이루고도 소유하려 하지 않고, 만물을 감싸고 기르지만 다스리려 하지 않는다.
>
> 도道는 늘 욕심이 없으므로 작다고 말할 수 있다. 만물을 귀속시키고도 다스리지 않으니 크다고도 말할 수 있다. 끝까지 스스로 크다고 내세우지 않으므로 능히 거대함을 이룰 수 있다. — 『노자』 '임성任成' 편 중에서

이것이 자녀 양육의 핵심이다. 부모의 기대와 욕심을 채우려 하지 않는다

면 자녀와의 관계는 훨씬 화목해질 것이고, 무엇보다도 자녀들이 편안한 마음으로 타고난 능력을 발휘하게 될 것이다.

그렇다면 무엇보다 근본적인 일은 '자기를 다스리는 일'과 '인격을 보다 높은 차원으로 이끌도록 노력하는 것'이다. 아이들이 우리의 몸을 통해 이 세상에 태어났으니 싫든 좋든 우리에겐 그럴 책임이 있다.

그러나 그게 그리 쉬운 일인가? 인격 수양을 하기도 전에 사랑에 빠져 결혼을 하고, 아기를 낳게 되고, 젖먹이기·기저귀갈기·빨래하기 등등 당장 눈앞에 닥친 일에 파묻혀 인격 수양이고 뭐고 다 귀찮아지는 것이 우리 부모들이 아닌가. 그러다 보면 자녀와의 관계도 나빠지고, 이 나빠진 관계가 다시 부모들의 신경을 건드리는 악순환이 거듭된다. 결국 아기도 부모도 지치고 불행해진다.

차원 높은 인격을 갖춘 부모라면 자녀 양육에 대한 이론을 따로 배울 필요가 없다. 그러나 우리 모두는 불행히도 성인군자가 아니다. 완전한 인격을 갖추고 부모가 되는 이는 없다. 모두가 부모로서의 소임을 다하려고 노력하고 실수도 하는 가운데 인격이 성숙할 뿐이다. 역설적으로 들릴지 모르지만 우리는 보다 나은 인격을 갖추는 과정으로 자녀 양육 문제를 다루어야 하는 것이다.

문제가 정말 아이에게 있을까?

아이를 키우는 부모 두세 사람만 모이면 이런 불평을 쉽게 들을 수 있다.

"우리 아이가 요새 왜 그렇게 문제를 일으키는지 모르겠어요."

곰곰이 생각해보자. 문제가 정말 아이에게 있을까? 부모인 나의 심리적, 성격적 갈등이나 변화 때문인 것은 아닐까?

부부 관계가 원만한 가정이라면, 자녀에게 문제가 있더라도 그것이 '문제 행동'으로까지 이어지진 않는다. 부모가 자녀의 행동을 진지하게 관찰하고 이야기를 적극적으로 들어주면, 해결 방안은 비교적 쉽게 찾아지기 때문이다.

그러나 문제가 부모에게 있다면, 건설적인 의사 소통은 당연히 이루어지기 힘들다. 이런 부모들은 자신들의 심리적 문제 때문에 속이 상한 나머지 '아이들에게도 문제가 일어날 수 있고, 그 문제가 어른보다 더 복잡할 수 있다'는 것은 생각지도 않은 채 아이만 나무란다.

말 못 하는 영아도 부모가 화목한지 아닌지 느낌으로 안다. 부모가 싸우느라 큰 소리를 내면 아이는 눈치를 보며 소파 뒤에 숨거나 울어버리고, 때로는 공격적이기까지 하다. 얼굴만 마주치면 서로 으르렁대는 부모와 사는 아이들은 자신의 처지가 대단히 불행하고 불공평하다고 느껴져서 비뚤어진 생각으로 빠져든다. 반면 화목한 부모에겐 자녀가 스스럼없이 말을 할 수 있기 때문에 의사 소통이 잘 되고, 부모들과 부담없이 대화를 나누며 고민을 해결한다.

그러나 전혀 싸우지 않는 부부가 있을까? 결혼을 하는 20대에는 서로 다른 환경에서 자란 까닭에 적응하느라고 싸우고, 30대에는 자녀 양육에서 야기되는 문제 때문에 힘이 들어 싸우고, 40대에는 부부 자신의 심리적·정신적 변화 때문에 싸우기 마련이다. 화목한 부부 관계란, 싸움없이 매일 방글방글 웃는 사이를 뜻하는 것이 아니라, 문제가 일어날 때마다 이를 건설적으로 해결하면서 신뢰와 사랑을 나누는 관계를 뜻한다.

부부간의 심리적 관계는 일련의 발달 단계를 거치며 변화한다. 7~10년마다 주기적으로 오는 성인으로서의 미묘한 심리적 변화를 인식하고 적절히 대처하면 화목한 관계를 유지할 수 있다.

아내가 부쩍 외출이 잦아지고 씀씀이가 커지는 경우, 남편이 나이 마흔에 직장에서 해고되는 경우, 배우자가 외도를 하는 경우 등 부부 관계에 적신호가 커지는 때를 자세히 분석해보면, 아이들이 겪는 심리 발달과 마찬가지로 부부간 심리 상태도 시기에 따라 달라지는 것을 알 수 있다. 심리 변화에 따라 이해의 정도가 달라져야 대화의 문이 열린다.

우리 부부도 예외가 아니었다. 40대 중반 즈음 공연히 심술이 나고 상대방이 부족해보이고 무언가 맞지 않는다는 생각이 심각하게 들었다. 처음엔 서로 상대방의 탓이라고 여겼지만, 성인 심리에 대한 책을 읽고 나선 그도 나도 똑같이 심리적 발달 단계에 따른 격동을 경험하기 때문이라는 걸 알게 되었다.

이런 변화를 자녀들 앞에서는 보이지 않으려고 최대한 노력했지만 소용없었다. 하루는 큰딸이 "엄마, 왜 요새는 아빠하고 얘기도 잘 안 해요? 꼭 남 같아."라고 말하는 것이었다. 용의주도하게 그렇지 않은 척 예의를 갖추어 대했어도 아이들은 용케도 파악해낸 것이다.

"너희들 때문이 아니란다. 어른들도 너희처럼 속상할 때가 있는 거야."

"엄마, 선아(딸의 친한 친구)하고도 얘기했는데요. 우리들에겐 문제가 많거든요. 적어도 우린 많다고 느껴요. 그런데 부모님들은 부모님들대로 문제가 있는 것 같아 말을 못 할 때가 있어요. 선아도 그렇대요."

무엇이 먼저일까? 부부들이 문제를 갖고 있는 동안 아이들은 잠잠히 있으라고 해야 하나?

우리는 부부의 문제부터 해결하기로 했다. 아이들이 모두 잠자리에 든 후 서로에 대해 못마땅했던 일, 기대하고 있는 일, 해야 할 일, 어려운 일을 이야기했다. 오해도 있었고 상대방의 처지를 이해하지 못한 점들도 있었음을 알게 되었고, 어느새 공감대가 생겨 문제들을 극복할 수 있었다.

나이마다 겪어내야 할 일이 다르고, 이것은 또한 남자와 여자 각각에게 다른 형태로 다가온다. 때문에 7~10년마다 서로의 의사 소통 방법을 재점검하고 개선할 필요가 있다.

자녀를 잘 키우려면 무엇보다도 부부간의 의사 소통이 잘 이루어져야 한다. 잘 되는 척하는 겉핥기 식의 관계, 소통을 포기하고 그냥 살아가는 관계가 아니라 '대화하며 사는 관계'를 가져야 한다. 문제를 대화로 풀어가는 부모를 보며, 자녀들은 '문제가 없는 사람은 없으며, 문제는 대화를 통해 해결할 수 있구나' 하는 것을 자연스럽게 깨닫게 된다.

마오리족 아이들과의 타협점

자녀를 잘 키우는 것은 모든 부모의 소망이다. 그러나 쉽지 않은 소망이기도 하다. '이 정도는 되겠지' 싶었는데 아이가 해내지 못할 때, 막연히 '부모인 나보다는 나은 사람이 되리라' 기대했는데 뜻대로 되지 않는다는 것을 깨달았을 때, 부모는 좌절한다. 허탈하고 허무해진다.

그렇다고 아이가 태어날 때의 특징 그대로를 유지하며 성장하는 것도 아니다. 태생적인 기질을 근간으로 하되 주위 환경과 상호 작용을 하면서 인격을 형성해간다. 말귀를 알아듣게 될 때부터 부모 이외에 형제, 자매, 또래 친구들과 상호 작용을 하면서 인성을 다듬어간다.

그런데 좀처럼 부모가 원하는 대로 자라주지 않는다. 바로 아이들이 그들 나름대로의 생각을 갖고 살아가기 때문이다. 부모의 기대감과 아이의 욕구가 팽팽히 맞설 때, 이 갈등을 지혜롭게 해결하지 못하면 서로 싫어하는 관계가 된다.

아이들은 발달 특징상 모든 것이 자기 중심적이어서 어른의 생각을 깨닫기 힘들다. 타협점을 발견하는 과제는 자연히 부모의 몫이다. 문제는 그 타협점이 어디냐는 것이다.

'무조건 떼를 쓰거나 우는 아이와 어떻게 타협할 수 있지? 노력하다가 너무 힘들면 결국 아이를 때리게 될 텐데……. 너무 아이 중심적으로 일을 해결하다 보면 아이가 버릇이 없어져서 행동을 통제하기 힘들지는 않을까?

분명한 것은, 강압적인 방법은 처음에는 효과가 있어 보이지만 장기적으로는 아이의 성격에 문제를 일으키는 원인이 된다는 점이다.

뉴질랜드가 영국의 식민지였을 때, 원주민인 마오리족의 자녀들은 의무적으로 영어를 배우러 영국식 학교에 다녀야 했다. 그런데 대부분의 마오리족 아이들은 3학년을 넘기지 못하고, 글도 깨우치지 못한 채 학교를 자퇴했다. 못 배웠기 때문에 일자리를 얻지 못하고, 그러기에 가난해지는 악순환이 거듭되었지만 자퇴율은 여전히 높았다.

영국인 여교사 애슈턴 워너는 이것을 깨뜨려보고자 결심했다.

"네가 제일 좋아하는 것은 무엇이지?"

"네 마음에 가장 먼저 떠오르는 말이 뭐니? 말해보렴. 선생님이 써줄게."

아이들은 '귀신, 산, 싸움, 폭풍, 물' 등 단어를 말했다. '존은 학교에 간다', '하늘에 비행기가 날아간다'는 내용이 담긴 영국 교과서에 흥미를 잃어 학교를 그만두던 아이들이, 마오리족의 생활 습관과 관련된 낱말들에는 흥미를 보였고, 자연히 보다 차원 높은 학교 공부에도 재미를 붙이게 되었다.

어른이 중요하다고 생각한 것을 어른의 기준에 맞추어 가르치려 했을 때 마오리족 아이들은 아예 마음의 문을 닫고 배울 생각을 하지 않았다. 아이가 소중하게 여기는 것을 존중해주는 것이 '아이 중심의 교육관'이다.

아이 중심의 교육관

아이에게는 나름대로 성장하고자 하는 욕구가 있다. 이 욕구를 올바른 방향으로 이끄는 것이 교육이다. 부모가 바라는 방향은 은연중에 의식하도록 해야지, 아이의 욕구를 부정하면서 전면에 드러내면 안 된다. 그러려면 아이의 발달 특징 및 욕구를 파악하고 존중하는 '아이 중심의 교육관'을 가질 필요가 있다.

아이가 무엇에 흥미를 보이는지 관찰한다

어른의 기대 수준을 무리하게 채우려 할 때 아이가 얼마나 불행해지는지 알려주는 사례가 있다.

한 젊은 엄마가 아이에게 글씨를 쓰도록 시켰다. 공책 한 면 가득 반복해서 쓰는 지루한 일이었다. 아이가 하기 싫어하면 엄하게 야단을 쳐서라도 꼭 마치도록 했다. 이 엄마는 아이에게 바른 습관을 길러주기 위한 방법이라고 믿었다. 그런데 놀랍게도 그 아이는 이렇게 중얼거렸다.

"엄마는 나쁜 사람이야. 경찰이 잡아갔으면 좋겠어."

아이가 놀고자 하는 대로 내버려 두라는 말이 아니다. 다섯 살 아이에게 한글을 성공적으로 깨우치게 한 다른 엄마의 경우와 비교해보면 알 수 있다.

이 엄마는 아이가 문자에 흥미를 보여 "엄마, 이거 무슨 글자예요?", "엄마,

내 이름은 어떻게 써요?" 하고 질문해 오자, 기회를 놓치지 않고 또박또박 대답해주고 써주었다. 자기가 알고 싶은 것을 알게 된 아이는 아주 쉽게 글자를 익혔고, 초등 학교 입학 전에 그림책을 술술 읽을 수 있게 되었다. 이 아이는 건강한 자신감으로 가득하다.

"엄마, 난 모르는 거 빼놓고 다 알지? 난 아는 게 많지?"

평소에 아이의 발달을 관심 있게 지켜보고 준비했기 때문에 가능한 일이다. 아이가 무엇에 흥미를 보이는지 관찰해서 이를 존중한 '아이 중심의 교육'이다.

인내는 쓰지만 그 열매는 달다

양육 '기술'을 알려 하기 전에 '생각의 틀'을 먼저 바꾸어야 한다. 어린이들도 자기 나름대로의 사고를 하고, 자신의 마음에 의미가 주어질 때 잘 배우며, 능력 있는 인간이라고 인정받을 때 교육 효과가 높다. 교육의 시작도, 중심도, 끝도 아이로부터 비롯되어야 한다.

무조건 울거나 떼쓰는 아이를 때리지 않으면서 바른 행동으로 이끄는 일은 부모의 끝없는 인내심을 필요로 한다. 절대로 끝날 것 같지 않은 힘든 시기도 세 돌을 넘기기 시작하면 조금씩 나아진다. 만 3세 이전에 부모가 인내심을 갖고 상호 작용을 잘 한다면 아이는 클수록 손이 덜 가지만, 그 시기에 무조건 때리면서 아이의 버릇을 가르쳤다면 아이가 자란 다음 다루기가 더 힘들어진다.

눈에 넣어도 아플 것 같지 않은 외손녀 다영이는 아기 때 생떼가 심했다.

유아 발달 교과서에서 전혀 보지 못했던 대단한 수준의 고집과 울음이었다. 남편을 비롯한 집안 식구들이 아이 버릇을 나쁘게 들인다며 어서 때려서 울음을 멈추게 하고 고집을 꺾으라고 성화였다.

　하지만 나는 한 번 더 참기로 했다. 이 아기가 말로 표현할 수 없는 어떤 원인 때문에 심하게 울고 떼쓴다고 생각했다. 그래서 극도의 인내심을 갖고 아이가 흥미를 느낄 만한 놀잇감을 주거나 아이의 관심을 다른 곳으로 돌리곤 하였다. 끝이 없을 것 같다는 불안감을 느꼈지만 열심히 노력하였다.

　그리고 나의 인내는 보람의 열매를 맺었다. 만 다섯 살이 된 다영이가 두 돌 반 된 남동생 준기를 대하는 태도는 감동 그 자체였다. 고집피우고 생떼쓰는 동생에게, 내가 했듯이 인내심으로 대하는 것이 아닌가. 심은 대로 거둔다고 했던가!

대화가 오가는 '수평적 관계'

"도통 말을 안 들어요. 따끔하게 때려줘야겠어요."

"오냐 오냐 하니까 아예 머리끝까지 기어오르려고 해요."

부모는 자녀에게 져서는 안 된다는 권위 의식을 갖고 있다. 아이는 울고불고 떼쓰며 대항하고, 부모들은 '약이 올라서', '무기력하게 느껴져서', '부모의 권위가 땅에 떨어진 것 같아서' 소리를 지르거나 매를 때린다.

그러나 아이들은 자기가 원하는 것을 몰라주는 어른들이 답답해서, 자신의 생각을 관철시키기 위한 마지막 수단으로 떼를 쓰는 경우가 많다.

부모의 권위는 특별히 내세우지 않더라도 아이들의 마음에 자리하고 있다. 자기보다 몸이 크고 아는 것이 많고 힘이 센 엄마 아빠에게, 아이들은 심리적으로 압도되고 있다. 부모는 이미 '심리적인 권위'를 갖는 것이다.

창의적인 아이는 수평적 관계의 가정에서 자란다

"네 살배기 조카가 저만 보면 '코끼리', '코끼리' 그래요. 제가 무얼 잘못했을까요?"

상담을 요청한 아가씨는 자그맣고 예쁘장했다.

"혹시 조카의 키로 세상을 보려고 해보셨어요? 아가씨는 다른 여자들에 비하면 작은 편이지만 어린 조카의 눈엔 아주 커보일 거예요. 네 살 아이에게

수직적 관계
부모가 명령하면 자녀는 무조건 따라야 한다

수평적 관계
부모와 자녀가 서로 협력하고 존중한다

고모나 엄마, 아빠는 거인이랍니다.”

아가씨는 고개를 끄덕이며 조카 입장에서 생각해보지 않았던 점을 수긍하더니 이제 조카의 태도를 이해할 것 같다고 했다.

어린이의 마음에 부모는 이미 크게 자리한다. 아무리 자녀와 동등한 관계를 갖겠다고 하더라도 부모는 이미 권위적인 존재이다. 그렇기 때문에 '넌 왜 그 모양이니?', "왜 그렇게 했어?"라는 말을 슬쩍 던지기만 해도 어린 자녀들의 얼굴이 시무룩해진다.

그런데 부모들이 권위를 의도적으로 더 내세우면 아이들은 자기 생존을 위해 받아를 한다. 반항하거나, 화를 내거나, 공격적이 되거나, 거짓말을 하거나, 다른 사람 핑계를 대거나……. 때로는 반대되는 모습을 보이는 아이들도 있다. 부모 앞에서는 듣는 척하지만 한 귀로 듣고 한 귀로 흘려버리는 태도, 무조건 복종만 하는 태도, 남에게 잘 보이려고 아양을 떠는 태도…….

수직적 관계가 우세한 가정에서 자라는 아이는 창의적이지 못하다. 융통성 없이 똑같이 하기만 하고, 자기의 생각을 활발히 표현하기보다는 침묵을 지키고, 무엇이든 솔선수범하기보다는 남의 뜻에 복종하는 것을 더 편하게 느끼며, 소심한 성격을 가지기 쉽다.

수평적 관계를 만드는 생활 습관

부모가 아이와 동등한 입장에 서려고 노력하면 아이들은 자기의 생각을 부모에게 내보이며 이야기하기 시작한다. 편안한 엄마 아빠가 되면 아이는 쉽게 다가와 말하고 싶어한다는 뜻이다. 큰 소리와 매, 엄포는 유치원 연령까지는 통할지도 모르지만 나이가 들수록 한계에 부딪친다. 그 때는 이미 늦다.

부모와 자녀 사이에 '누가 이길지 끝까지 해보자'는 식의 사고방식이 자리 잡는 한, 집안에 평화는 없다. 또 아이들도 능력을 마음껏 발휘할 수 없다. 어쩌면 권위를 세우려는 부모는 스스로 자신이 없는 사람들인지도 모른다.

잘난 체하는 부모보다는 따뜻하고 이야기가 통하는 부모가 아이들에게 마음의 안식처가 된다. 권위를 남용하여 자녀의 성품을 그르치고 자녀와 사이가 벌어지기보다는, '심리적 권위'를 승화하여 자녀와 수평적 인간 관계를 유지하면 된다.

구체적인 방법을 몇 가지 생각해보자.

하나, 아이의 편지를 뜯어보지 않는다

아이 앞으로 오는 편지는 많지 않다. 보낸 사람도 친척이나 유치원 선생님 정도로 비밀스럽지도 않다.

하지만 자기 이름으로 온 편지가 미리 열려져 있는 것을 본 아이는 '난 우리 집에서 별로 중요한 사람이 아니구나'라고 느껴 자존감이 낮아진다. 이런 아이는 다른 사람의 편지도 마음대로 뜯어 본다. 자기의 권리가 존중되지 않으니까 남의 권리도 존중할 줄 모르게 된 결과이다.

아이 앞으로 편지가 전혀 오지 않을 때에는 이모, 고모, 삼촌들에게 편지를 보내오도록 부탁해서 '엄마는 네 권리를 존중한단다'라는 뜻을 행동으로 보여줄 기회를 만드는 것도 좋다.

둘, 아이가 자신의 물건을 챙겨둘 수 있는 장소를 마련해준다

어른과 마찬가지로 아이들도 자기만의 장소가 필요하다. 아이 방이 있으면 좋지만 상황이 여의치 않을 때는 서랍장의 가장 아래 칸을 비워준다. 수납용 상자를 마련해주어도 좋다.

아이들은 자기만의 장소에 돌멩이, 껌 종이, 사탕 껍질, 나무 토막 등 자기가 귀중하다고 생각하는 것을 모두 넣어 둔다. 어른들에게는 보잘것 없지만, 그런 물건을 넣어 둘 장소를 갖게 되면 아이들은 무척 기뻐하며 자신이 귀중하게 대접받고 있다고 느낀다.

셋, 아이의 물건을 함부로 치우지 않는다

한동안 지나고 보면 아이의 수납 공간은 마치 쓰레기통처럼 변해 있다. 이때 "어유, 이렇게 더러워서 어쩌지?" 하며 아이의 허락도 받지 않고 모두 치워 놓거나, 반대로 거치적거리는 집 안 물건을 모두 아이의 장소에 쑤셔 넣는 어머니가 있다.

그러나 아이들은 서랍장이 아무리 지저분하고 더러워도 어디에 무엇이 있는지 잘 안다. 하잘것없는 돌멩이 하나만 없어져도 아이들은 찾는다. 그러니 어머니 눈에 더럽고 지저분해보인다고 함부로 치워서는 안 된다.

"○○야, 서랍 정돈하는 걸 엄마가 도와줄까?" "우리 오늘은 서랍을 치우도록 할까?"라는 말로 제안하여, 싫다고 하면 당분간 미뤄 두었다가 며칠 후에 다시 시도해보는 것이 좋다. 아이의 상처 입은 마음을 보는 것보다는 정리되지 않은 서랍장을 보는 것이 백 번 낫다.

넷, 스스로 해낼 수 있는 기회를 준다

'내 힘으로 해낼 수 있다'는 자신감은 매우 중요하다.

외출할 때 아이가 신발을 빨리 신지 못해 꾸물거려도 기다려주자. 아직 손·발·눈의 협응력이 부족하기 때문에 참을성을 가지고 기다리며 스스로 신발을 신을 수 있는 기회를 주어야 한다. 늦지 않게 미리 준비를 시작하면 얼마든지 가능한 일이다.

만 세 돌 때 다영이는 찍찍이 운동화를 혼자 신으며 시간을 오래 끌었다. 인내심을 갖고 계속 기다리고 있으니 "엄마가 꼭 신으라고 그랬어" 하였다. 운동화를 계속 조이며 아이가 하는 말로 미루어보아 '당겨서 발에 맞게 신으라'는 말로 '꼭'이라고 한 것이다. 아이들의 행동에는 다 이유가 있다. "시간 늦었어. 빨리 해."라고 말하기보다 "발에 꼭 맞게 당겨서 신어." 하면 아이는 이 기회에 '당긴다'는 말을 익히게 된다.

다섯, 텔레비전을 시청할 때 채널은 의논하여 바꾼다

주말이면 텔레비전 때문에 티격태격 다툼이 벌어진다. 아이가 먼저 보고 있었다면 부모는 채널을 권위로서 의논 없이 휙 돌려서는 안 된다.

아무리 약한 사람이어도 권리를 침해받는다고 느끼면 수평적인 관계는 성립되기 어렵다. 아이지만 먼저 보기 시작한 사람에게 기득권이 있음을 인정해야 한다. 너무 사소한 문제 같다? 천만에, 그렇지 않다.

적극적으로 들어라

로스앤젤레스를 출발하여 런던까지 가는 열 시간의 비행기 여행은 어른에게도 지루한 일이었다. 세 아이를 데리고 탔기 때문인지 우리는 비행기 맨 끝 좌석에 앉게 되었고 주위에는 아기를 데리고 탄 가족들이 많았다.

생후 1년 반 정도 된 영국인 여자아기가 눈길을 끌었다. 파란 눈에 금발이 무척이나 어울리는 아기는 우리들 모습에 호기심을 갖고 웃기도 하고 장난을 걸어 오기도 했다.

그런데 아기가 갑자기 울음을 터뜨렸다. 그러자 외할머니로 보이는 분이 슬그머니 아기를 안고 복도 쪽을 왔다 갔다 하며 잠을 재웠다. 내 머리 속엔 공항에서, 빨리 걷지 않는다고 아이를 계속해서 타박하던 어떤 젊은 엄마의 모습이 떠올랐다.

누가 더 아이의 마음을 읽고 이해해준 것일까? 두말 할 것도 없이 할머니이다. 한 마디도 하지 않았지만 할머니는 '아이의 행동을 적극적으로 듣고' 있었다. 아이는 말이 서툴기 때문에 울음, 생떼, 칭얼거림 등으로 의사 소통을 시도하는 것이다.

중요한 손님이 오셔서 한창 이야기를 나누고 있는데 다섯 살짜리 아이가 들어와서는 "엄마는 나빠, 죽었으면 좋겠어." 하며 앙탈을 부린다면? 엄마로서의 체면이 말이 아니게 된다. 어떻게 대처해야 할까?

"나가 놀아라. 천 원 줄 테니 과자 사먹어, 응?"

"그런 말 하면 못쓰지? 그렇게 얘기하면 나쁜 아이다."

"손님께서 이놈 하신다. 어서 저리로 가."

"너 그럴래? 아주 못됐어." (버릇은 어려서부터 들여야 한다는 생각으로 손님 앞이지만 엉덩이를 때려준다.)

어떤 경우가 옳을까? 엄마가 적극적으로 들어준 후 할 수 있는 행동은 어떤 것일까?

도대체 아이가 왜 이런 말을 할까? 나름대로 급한 일이 있는데 내가 계속 손님하고만 이야기해서 속이 상했나? 그냥 단순히, 관심을 끌고 사랑을 받고 싶은데 손님이 계셔서 싫었을까? 여러 가지 가능성을 아이의 입장에서 살펴보는 것이 바로 '적극적으로 듣는 일'이다.

3년째 영국에 거주하고 있던 한 한국인 가정의 이야기이다. 5학년, 3학년, 1학년인 세 자녀가 주중에는 영국인 학교에, 토요일에는 한국인 학교에 갔다. 그런데 처음에는 언어 장벽 때문에 영국인 학교에 가기를 주저하던 아이들이, 나중에는 오히려 한국인 학교를 가기 싫어했다고 한다. 한국인 학교 선생님은 제 마음을 몰라주기 때문이라는 것이다.

그 집의 막내는 늑장을 부리는 편이었다. 하루는 너무 늦기에 엄마가 엉덩이를 한 대 때렸다. 징징 울면서 영국인 학교에 간 막내는 선생님께 "우리 엄마가 오늘 아침에 내 엉덩이를 때렸어요. 나쁜 엄마예요."라고 일렀다. 그러자 선생님이 "그래, 참 속상하겠구나. 엄마가 너를 때린 건 잘못하신 거야."라고 아이 편을 들어주었다.

똑같은 일이 또 생겨서 이번엔 한국인 학교 선생님께 일렀더니 "네가 잘못했으니까 때리셨겠지. 다 너 잘 되라고 그러신 거야."라고 말했다는 것이다.

"우리 엄마 나빠."라고 말하는 그 아이는 엄마가 정말 나쁘게 생각되어서 그렇게 이야기한 것은 아니었다. 그 순간의 속상함을 털어버리면 그만이라는 것을 영국인 학교의 선생님은 알고 있었던 것이다.

아이들 중에는 유치원에 처음 입학할 때 무조건 울거나 엄마에게 붙어서 떨어지지 않으려는 아이가 있다. 아이를 이해할 줄 아는 선생님은 "엄마가 아이를 꼭 껴안고 계세요. 얼마나 낯설겠어요. 아이가 진정될 때까지 기다려주세요."라고 일러준다.

자신의 말과 행동을 유심히 지켜보면서 그 뜻을 이해해주는 어른이 많은 사회에서 아이들은 행복과 자신감을 맛본다. 학교 가는 것이 즐겁고, 집에서 엄마 아빠와 지내는 것도 행복하다. 그렇게 되기 위해서는 '적극적으로 들어주는 태도'가 필요하다.

왜 거짓말 했니?

초등 학교 5학년 아들이 어머니에게 시험지를 내놓았다. 평소에는 점수가 좋지 않아 쭈뼛대던 아이가 당당하게 내놓은 시험지의 점수는 90점이었다. 어머니는 매우 흡족했다.

그런데 아이가 놀러나간 후 우연히 아이 가방을 열어보니 70점짜리 또 다른 시험지가 있었다. 놀란 어머니는 아이가 들어오자마자 어찌 된 일이냐고 때리면서 다그쳤다.

"시험 잘 본 친구 거 빌려 왔어요."

이 어머니는 '도대체 이 아이가 어떻게 되려나 걱정이 앞선다.'고 했다.

다섯 살 여자아이의 어머니도 어느 날 아이의 거짓말에 직면하게 됐다. 유치원 선생님이 "어디가 많이 아픈가요? 요즈음 유치원에 안 와서요."라고 전화를 걸어 왔다. 아이는 매일 아침 "다녀오겠습니다." 하고 인사하며 집을 나섰다가 유치원 끝날 즈음에 들어오곤 했는데……. 이 엄마는 아이가 깜찍하게 인사하고 나가던 모습이 자꾸 떠올라 기가 막혔다.

하지만 '왜 거짓말을 했을까' 부터 생각해보아야 했다. 시험지에 친구의 이름을 조심스레 지우고 자기 이름을 적어 넣을 때 아이의 심정이 어땠을까? 엄마를 속이고 집을 나선 후 동네 놀이터에서 하루를 보내고 돌아오는 유치원 아이의 마음이 어땠을까?

아이를 기르다보면 거짓말하는 경우를 종종 만나게 된다. 부모는 이 아이가 의도적으로 거짓말하는 것인지, 상상력이 일어나서 그런 것인지 판단하며 반응하여야 한다. 의도적인 거짓말에는 원인을 세심하게 파악해서 적절하게 대응해주는 것이 중요하다.

마음을 몰라줄 때 거짓말을 한다

어른들이 자기의 마음을 모를 것이라고 여길 때, 사실대로 정직하게 말하면 야단을 맞을지도 모른다는 생각이 들 때, 아이는 거짓말을 한다. 마음이 좀 다부진 아이는 아예 입을 다물고 말을 하지 않거나 부모가 원하는 것과는 반대되는 행동을 하기도 한다.

우리 어른들의 행동을 생각해보면 쉽다. 서로 마음이 통하는 사람이 있고, 또 그렇지 못한 사람도 있다. 마음이 통한다고 여겨지는 사람을 만나면 허물없이 별 말을 다 하게 되지만, 신뢰하지 않거나 왠지 불편한 사람에게는 아예 입을 닫지 않는가.

의사 소통을 포기하면 입을 닫는다

'마음이 통한다'는 것은 두 사람 사이에 의사 소통이 원활히 이루어지고 있음을 뜻한다. "엄마! 아빠는 내 마음을 몰라요."라는 하소연은, '아빠와 나 사이에는 얘기가 안 되고 있어요.'라는 뜻이다.

29개월 된 다영이에게는 2개월 된 남동생 준기가 있었다. 부모 모두 직장을 다녀서 아이를 돌보는 할머니가 있었는데, 남아선호 사상이 뚜렷한 이 할머니는 남자아기인 준기만 예뻐하고 다영이는 혼자 놀게 놔두거나 자주 야단을 쳤다.

다영이가 어느 날부터 갑자기 슬슬 눈치를 보고 자신 없이 행동하기에 "할머니가 다영이 울고 싶게 하니?" 하고 물었더니 다영이는 "또 할머니(친할머니와 구분하기 위해 또 할머니라고 부르게 함) 집에 가?", "내가 못 살아.", "새 할머니 넣어줘(바꾸어줘)." 하였다.

아이들도 의사 소통이 안 되는 것을 안다. 유치원에 가지 않고 부모를 속인 아이나 친구의 시험지를 가져온 아이는 '왜 유치원에 가기 싫은지', '왜 시험을 잘 못 봤는지' 이유를 들어줄 마음의 바탕이 자신의 부모에게는 없다고 단정해버린 것이다.

거짓말하는 마음까지 있는 그대로 받아들이자

부모들은 아이들의 이러한 생각을 이해해야 한다. 아이의 생각이나 행동을 '있는 그대로 받아들이는 마음'을 갖는 것이 원활한 의사 소통의 바탕이다.

'남보다 더 예쁘고 귀여움 받는 아이였으면', '공부를 잘해서 선생님께 칭찬 받는 아이였으면' 하는 부모의 기대를 앞세우기 전에, '지금 무슨 생각을 어떻게 하고 있는지', '능력은 어떠한지' 아이의 상황 자체를 알기 위해 노력하고 받아들이는 일이 무엇보다 필요하다. 아이의 능력과 행동이 부모의 기대 수준에 훨씬 못 미치더라도 그 사실까지도 정확히 인식해야 한다.

이렇게 수용하는 자세를 가질 때 비로소 아이가 띄우는 메시지가 보인다. 아이가 부쩍 징징거린다든지 불안한 눈빛을 보인다든지 하는 비언어적 행동이 보이는 것이다. 부모의 마음이 준비되면 아이가 먼저 "엄마한테 얘기할 게 있는데……." 하며 다가설 것이다.

아이의 이야기에 맞장구쳐주자

"오늘 무슨 일 있었니?", "속상한 일이 있었던 것 같구나.", "기분이 별로 좋아보이지 않는데?", "오랜만에 엄마와 얘기나 좀 하자꾸나." 하는 식으로 이야기를 슬쩍 유도하자. 그래서 아이의 말문이 열리면 "어머, 그런 일이 있었구나. 그건 엄마라도 속상했을 거야.", "그래서 어떻게 됐지?"라고 맞장구쳐주자.

그러면 아이들이 좀더 솔직한 이야기를 털어놓을 것이다. 마음 속 깊이 담긴 기쁨·걱정·슬픔·괴로움을 쏟아내도록 도와주어야 한다. 그런 경험 자체가 아이의 마음을 정화시킨다.

말 못 하는 아기들은 갑자기 경기하듯이 울거나 불안한 눈빛을 보이거나 젖이나 우유를 빨지 않는 방법으로 신호를 보낸다. 이런 상황을 세심하게 점검하여 조치를 취해주어야 한다.

고인 물이 썩기 쉽듯 마음 속으로 스며든 좋지 못한 감정들은 나쁜 행동의 근원이 된다. 부모들은 이 점을 항상 잊지 말아야 한다.

꼭꼭 숨었다, 아이 마음!

서너 시간 대화해도 이야기가 겉돌 때가 있다. 그런가 하면 몇 분 동안 이야기했을 뿐인데 무언가 통했다고 느낄 때도 있다. 전자는 상대방이 내 말을 들어주지 않고 계속 자기 말만 떠들어댄 경우이고 후자는 내 마음을 이해해준 것이다.

아이와 부모의 대화에서도 마찬가지이다. 아이가 한참 이야기했는데도 부모가 전혀 그 말을 이해하지 못했다면 '건성으로 듣는 태도'를 갖고 있는 것이다. 상대방의 말을 듣고 뜻을 이해할 때, '적극적으로 듣는 태도가 형성되었다.'고 한다.

내가 한참 바쁠 때 둘째 딸이 무어라고 이야기를 한 적이 있었다. 바쁜 마음에 "응, 응, 알았어, 어서 나가 놀아." 하고 대꾸했는데, 아이가 갑자기 "엄마, 내가 지금 뭐라고 했어?" 하고 반문했다. 얼른 정신을 차리고 "지금 나가 놀겠다고 했지?" 했더니 "그것 봐, 엄마는 내 말을 안 들었잖아. 아이스크림 사달라고 했어." 하고 실망을 표시했다.

아주 어린 아기들도 어른이 자기의 마음을 알아주는지 그렇지 않은지 잘 안다. 비록 말은 못 하지만 느낌으로 사람을 알아본다. 유아 교육을 전공한 사람들을 아이들이 잘 따르는 것은 이와 같은 이유가 있기 때문이다.

숨은 문장 찾기

아이들은 종종 자신의 마음을 숨겨서 표현하기 때문에 적극적으로 듣는 것은 무엇보다도 필요하다.

아이 : 엄마, 저녁 언제 먹어요? (너무 배가 고파요. 먼저 먹으면 안 돼요?)
엄마 : 아빠 오시면 먹지 언제 먹니? (그새 나가 놀고 싶어서 그러는 게지.)

저녁을 언제 먹느냐고 자꾸 묻는 아이에게 엄마는 아빠 오실 때까지 기다리라고 못을 박았다. 엄마는 아이가 놀러 나가려고 그런다고 생각하지만, 아이가 정말 배가 고파서 물었다면?

이런 일은 어른들 사이에서도 일어난다. 결혼 기념일이나 생일날 아내가 "여보, 오늘 바빠요?"라고 말을 꺼냈는데 "응, 바빠." 하고 남편이 대답했다면? '흥! 재미없는 사람. 결혼 전에는 안 그러더니 변했어. 불통이야, 불통!' 하는 복잡한 생각이 아내의 마음을 스쳐갈 것이다.

아이들도 똑같다. 부모와 말이 통하지 않는다고 여기면 아이는 말을 하지 않게 된다. 해봐야 소용 없으니까. 10대가 되면서 입을 다무는 자녀의 대부분이 그러하다.

행동 듣기

어른들은 행동이나 표정으로 표현된 아이의 마음을 적극적으로 들어야 한다. 이것이 의사 소통의 시작이다. 특히 아이들은 결과까지 추리해보고 행동하는 능력이 없기 때문에 무턱대고 일을 저지를 때가 많다.

큰딸이 만 네 살, 둘째 딸이 두 돌이 채 안 되었을 때였다. 대소변을 가리는 시기여서 식구들이 모두 둘째에게 관심을 쏟았다. 밤중에 둘째가 '끙' 하기에 "유나야, 쉬할까?" 하며 안아 일으키는데 이 말을 들은 첫째가 벌떡 일어나더니 요 위에 그냥 소변을 보는 것이었다.

그 때 둘째를 얼른 남편에게 안겨주고 큰아이를 품에 안았다. "유미야, 네가 속상했구나. 엄마는 유미를 사랑하는데." 하였더니 유미는 고개를 끄덕이고 다시 잠이 들었다. 동생에게 집중되는 엄마의 사랑을 자기에게로 되돌려 보려는 안간힘이었던 것이다.

적극적으로 들어주기의 실제

입으로는 "응, 응" 대꾸해도 실제로 상대방이 듣고 있는지 아닌지, 우리는 용케 알아챌 수 있다. 아이들은 더 예민하기 때문에 단번에 알아낸다. 그래서 처음 보는 어른이라도 자신의 마음을 알아주면 금방 친근감을 느낀다.

아들 둘을 키우는 집을 방문한 적이 있었다. 큰아들은 학습부진이어서 특수 학급에서 공부하고 있었고 둘째 아들은 학급에서 우수한 편이었다. 큰아이와 이야기를 나누던 중이었다.

"너희 아빠 참 좋으시구나."

"우리 엄마도 좋아요, 동생도 좋고요. 나는 나쁜 아이예요."

아이의 대답이었다. 그런데 나는 조금 전에 동생이 형에게 "바보야."라고 하는 것을 들었다. 그래서 큰아이의 귀에 대고 "동생을 좋아하지만 너를 속상하게 할 때가 있지?" 하였더니 눈을 반짝이며 "네!" 하는 것이었다. "가끔은 미울 때도 있겠구나." 하였더니, "아줌마는 참 좋은 사람이에요!"라고 했다.

괜히 징징거리는 아이, "엄마 미워!"라고 소리지르는 아이, 심지어 "동생이 죽었으면 좋겠어."라고 말하는 아이들도 따지고보면 다 이유가 있게 마련이다.

아이들이 이해할 수도 없는 도덕적 기준에 맞춰 어른의 잣대로 야단치거나 매를 들면 아이들은 마음을 닫아버린다.

자녀가 다음과 같이 말했을 때, 당신이라면 어떻게 반응하겠습니까?
깊이 생각하지 말고 머리 속에 떠오르는 말을 솔직하게 적어보세요.
자신이 적은 답을 다음 페이지와 비교해서 점수로 계산해보세요.
뜻이 완전히 맞았을 경우에는 4점, 반 정도만 맞았다고 여겨지면 2점, 아예 틀렸
다고 여겨지면 0점으로 매기세요.

아이의 말

1. 아직 방학하려면 10일도 더 남아 있단 말야.
2. 엄마, 이거 내가 만든 비행기야.
3. 유치원에 갈 때 손을 꼭 잡아줘.
4. 에이, 재미없어. 우리 집은 늘 이렇단 말야.
5. 난 윤희처럼 잘하지 못한단 말야. 아무리 연습해도 잘 안 돼.
6. 우리 선생님은 숙제를 너무 많이 내준단 말야. 끝내면 밤이 될 거야.
7. 다른 애들은 언니나 오빠랑 논단 말야. 난 놀 사람이 없잖아.
8. 형석이 아빠는 자전거 타도 괜찮다고 했어. 난 걔보다 훨씬 잘 탄단 말야.
9. 동생한테 내가 너무했나 봐. 내가 나빴어.
10. 내 마음대로 입고 싶어. 내 옷이잖아.
11. 엄마, 이 그림 괜찮은 것 같아요?
12. 우리 선생님은 못됐어. 코를 한 방 박아줄까 보다.
13. 난 혼자 할 수 있어. 난 이제 큰 아이거든.
14. 한글은 어려워. 난 바보인가 봐.
15. 저리 가요. 난 아무하고도 이야기 안 할 거예요.
16. 난 희망이 없어. 아무리 노력해도 안 되는걸.

17. 그 애랑 친구하고 싶은데 싫다고 할까 봐 말을 못 걸겠어.
18. 기제부턴 수미하고 안 놀 거야. 그 앤 얼간이 바보야.
19. 엄마 아빠한테서 태어난 게 기뻐요.
20. 내가 하는 일은 늘 잘 안 된단 말예요. 어떻게 하죠?

61점~80점 : 아이의 말뜻을 잘 이해하는 편

41점~60점 : 보통 이상으로 이해하는 편

21점~40점 : 보통 아이의 말뜻을 이해하지 못하는 경우가 많음

0점~20점 : 아이와 의사 소통이 이루어지지 않고 있음

　　20점 이하를 받은 부모들도 너무 걱정할 필요는 없다. 유아 발달이나 심리, 양육 태도에 대한 지식들을 습득함으로써 이해의 수준을 높이고 이를 실행하려고 노력하면 변한다.

　　뿐만 아니라 굳이 책을 통해서가 아니더라도 부모들이 아이의 입장에 서서 진지하게 생각해보거나 아이들의 행동을 잘 관찰하면 이해의 실마리를 얻을 수 있을 때가 많다. 아이들은 즉각적으로 행동하고 상황 중심적이기 때문이다.

부모의 반응

1. 방학이 가까워져서 기쁘니?
2. 자랑스러운가보구나.
3. 겁이 나니?
4. 심심한가보구나.
5. 기운이 안 나니?
6. 힘이 드나보네.
7. 외로운가보다.
8. 엄마 아빠가 불공평하다고 생각하니?
9. 네 행동이 후회되니?
10. 간섭받기 싫은가보구나.
11. 자신이 없나보구나.
12. 화가 나니? (선생님이 불공평한가 보구나.)
13. 도움이 필요 없니?
14. 못하겠다는 생각이 드는구나.
15. 마음이 상했구나. (화가 났구나.)
16. 용기를 잃었구나.
17. 거절당할까 봐 두려워하는구나.
18. 화가 났구나.
19. 고마워하는구나. (부모에게 감사하고 있구나.)
20. 자신이 없구나.

아이는 숨은 뜻에 예민하다

부모의 입에서 떨어지는 말들은 대단히 중요하다. 건전하게 뜻이 전달되면 아이들의 자아가 긍정적으로 발달되지만 잘못 이해되면 예리한 칼날처럼 위험하다. 말 한 마디가 예기치 않았던 결과를 초래할 수도 있다.

1983년, 방문교수로 가는 남편을 따라 식구들이 1년간 영국에 체류했다. 하루는 중학교에 다니던 딸아이가 숙제를 도와달라고 하였다. 나라 이름과 수도 이름을 짝짓는 것이었는데 아이를 도와주던 남편이 혼잣말로 "이 선생님은 사회주의자구나. 문제로 낸 나라가 모두 그렇네." 하고 말했다.

다음날 학교에서 돌아온 딸은 매우 자랑스럽게 말했다.

"엄마, 나 오늘 지리 시간에 선생님 말씀 하나도 안 들었어요."

"왜?"

"그 선생님은 공산주의자잖아요."

아이들은 부모들이 하는 이야기의 숨은 뜻을 늘 예민하게 듣고 해석하고 있다. 너무 예민해서 어른의 의도와 달리 받아들일 수 있다. 그러므로 '내가 이 말을 할 때 아이에게 전달되는 숨은 뜻은 무엇일까'를 늘 생각해야 한다.

그러나 아이의 이런 성향을 역이용할 수도 있다. 막내를 버스로 통학시킬 때의 일이다. 한동안 함께 다니며 버스 시간표, 정류장, 길 등을 익히게 한 후, 어느 날 저녁 식사 시간에 자연스럽게 이야기를 꺼냈다.

● 숨은 뜻 읽게 하기

엄마!
나 오늘
반장됐어요.

야, 축하한다.
반장은 봉사의 책임을
맡는다는 의미란다.
열심히 하렴.

엄마는
지위보다 책임을
중요하게 생각하시는구나.

● 바람직하지 못한 칭찬

엄마!
나 오늘
반장됐어요.

야, 장하다.
우리 큰애가
제일이라니까.

다음에
반장 못 하면
실망하시겠다.

저것 봐,
엄마는 언니만
예뻐한다니까.

"유나는 언제부터 학교에 혼자 다녔지? 유미(큰아이)는 언제였니?"

두 아이는 질세라 자랑스럽게 대답했다. 며칠 후 막내가 내게 말했다.

"엄마, 목에 거는 조그만 지갑 사주세요. 차비 넣게."

"아니, 왜? 엄마가 늘 데리러 가는데?"

"엄마, 난 이제 혼자 다녀보고 싶어요."

직접적인 말보다 숨은 뜻으로 전달하는 쪽이 훨씬 강력한 호소력을 지닌다는 체험이었다. 만일, "넌 이제 다 컸잖아. 그러니 혼자 다녀야지, 엄마 아빠한테 의존하면 되니?" 한다거나 "언니들 봐라, 뭐든지 혼자 잘 해내잖아."라고 했다면 이만큼의 자신감이나 자립심을 심어줄 수 있었을까?

이른에 익숙한 우리 집에도 아이들 문제는 끊임없었다. 특히 둘째는 어렸을 때 문제를 많이 일으켰다. 동생이 태어난 데다 두 살 터울인 언니에겐 늘 뒤진다고 생각했고, 부모가 자기를 미워한다고 판단해버린 것이다.

직접적인 말로 그 아이의 마음을 변화시킬 수 없어서 숨은 뜻을 전달해보기로 했다. 잠자리에 든 아이가 완전히 잠이 들지 않았을 때 이불깃을 살짝 눌러주며 "가엾어라. 엄마는 널 사랑하는데 그 마음을 모르니 말야. 좋은 꿈 꾸렴.' 하고 말했다. 또 둘째가 듣고 있는 것을 알면서 혼잣말로 "우리 둘째가 그린 그림이 참 마음에 든단 말야."라고 하면서 '우리는 너를 사랑한단다.' 라는 메시지를 꽤 오랫동안 열심히 전달했다.

마음의 상처가 크면 치유하는 시간도 오래 걸린다. 하지만 숨은 뜻을 계속 보내다보면 아이가 '우리 엄마(아빠)는 나를 사랑해.' 라는 확신을 갖게 된다.

엄마 아빠가 미안해

다섯 살짜리 여자아이의 어머니가 "너 때문에 속상해 못 견디겠다."고 소리쳤다가 잠시 뒤에 아이에게 "애야, 아까는 참 미안했어. 엄마가 좀 흥분했구나." 하고 사과했다. 그러자 아이가 "괜찮아요. 아까는 정말 화가 났었는데, 이젠 다시 좋은 엄마예요."라며 슬기롭게 대답하더란다.

누구나 속이 상하거나 미움을 느끼는 순간이 있다. 당연한 일이 아닌가! 그렇기 때문에 우리 자신이 실제로 어떻게 느끼고 있는가를 부정하지 않는 것은 아주 중요하다.

"우리 엄마는 자기에겐 '미안해요.', '잘못했어요.' 라고 사과의 말을 하라고 하면서, 엄마가 잘못했을 때는 절대로 미안하단 말을 안 해요. 내 생각에는 엄마 아빠가 먼저 좋은 모범을 보여주어야 할 것 같은데 말이에요."

어느 자녀의 불평이다. 아홉 살짜리 남자아이가 "엄마, 제발 사탕발림은 그만두세요. 속으론 그렇게 생각하지 않으시잖아요."라고 말하기도 한다. 가장 건전한 방법은 역시 진실하고 솔직한 태도이다.

2000년에 명문대학 학생이던 이모 군이 부모를 살해한 사건으로 사람들을 놀라게 한 적이 있었다. 이군의 부모는 아들을 무시하고 구박하는 일이 잦았고, 공부 잘하라고만 윽박질렀으며 아들에게 잘못했을 때도 절대 미안하다는 말을 하지 않았다고 한다. 이군은 일기에 '미안하다고 말하기가 그렇게 어렵

나요?' 하며 절규하였다.

부모는 아이들을 보면 자랑스러울 때도 있고, 자신의 단점을 그대로 보는 것 같아 부끄러울 때도 있다. 좋은 점만 닮기를 바라지만, 어린 자녀들은 부모의 특정한 면을 나름대로 선택해서 모방한다. "○○는 아빠를 닮았네.", "△△는 엄마를 더 닮았어." 하는 말뜻을 파악하고 의식적, 무의식적으로 닮아가기도 하고 자신의 기분에 맞게 모방하는 경우도 있다.

우리 집 아이들도 나의 간절한 바람이 무색하게 호들갑스럽게 놀라는 것을 닮은 아이, 지나치게 규칙을 중시하는 버릇을 닮은 아이, 칭얼거리고 고집 센 점을 닮은 아이 등 가지각색이다. 아이들이 나의 단점을 행동으로 보일 때면 불안했다. '단점을 고치려고 오랫동안 애써 왔는데 그대로 닮다니……. 아직도 멀었구나.' 하는 절망감도 들고, '저런 성격 때문에 나처럼 마음의 고통을 당하면 어쩌나?' 하는 걱정도 되었다.

한동안은 크면 고쳐지려니 하고 내버려 두었다. 그러나 그런 버릇들은 커가면서 자연히 없어지는 것이 아님을 깨닫고 솔직하게 대화하기로 하였다.

우선 호들갑스럽게 놀라는 아이에게 솔직하게 나의 단점을 인정하고 이야기를 시작하였다. 그랬더니 아이는 순순히 인정하고 노력해주었다.

"어쩌면 엄마처럼 이렇게 잘 놀라지? 버릇이 되어 힘들겠지만 깜짝깜짝 놀라는 건 좀 줄여보자."

"엄마, 그래요. 노력해볼게요."

규칙을 따지고 드는 아이에게도 대화를 시도했다. 가족이 함께 놀이를 하고 있는데 그 아이 때문에 진행도 안 되고 모두 불만스러워했다. 아이는 놀이가 끝난 뒤에도 계속 "엄마, 아까 그건 ○○가 잘못한 것이에요. 그렇죠?" 하며 따지고 들었다.

그래서 나는 저녁 잠자리에 들었을 때 아이를 꼭 껴안고 이야기하였다.

"△△야, 너 아까 ○○가 규칙을 안 지켜 속상했니?"

"응."

"맞아, 엄마도 그럴 때가 많거든. 그런데 넌 어쩜 그렇게 엄마를 닮았니?"

"엄마가 좋으니까 그렇지요, 뭐."

"하지만, 엄마한테는 나쁜 점도 있지. 그런 나쁜 점은 닮지 말고 좋은 점을 더 닮아주었으면 참 좋겠어. 엄마가 경험을 해서 잘 아는데 아까 놀이할 때 막내가 몰라서 그랬잖아. 그런데 네가 '○○야, 그건 잘못했어!' 그러니까 그 애가 어떻게 했지?"

"울었어요."

"네 마음은 어땠니?"

"좋지 않았어요."

"다른 사람이 잘못한 일을 시시콜콜 따지고 들면 그 사람이 너를 멀리하고 싶어해. 다른 사람이 너를 멀리하면 너는 속상해지고, 또 그 사람이 미워지지 않던?"

"엄마, 그래요. 속상할 때가 많았어요."

그 후 이 아이가 불필요하게 규칙을 따질 때면 나는 아이의 눈을 쳐다보며 씨익 웃어주었다. 그러면 아이도 웃으면서 따지기를 멈추곤 했다. 아주 어릴 때면 이런 대화가 불가능하겠지만 아홉 살만 넘으면 충분히 이해한다.

10대에 들어서면 부모의 장단점이 자녀의 행동에서 더욱 뚜렷이 나타난다.

어른들은 자신도 모르게 '남자는 결혼하면 권위를 지켜야 하고, 부모는 아이들 앞에서 약점을 보여서는 안 된다'는 고정 관념을 갖고 있다. 그러나 약점투성이인 부모가 행동은 그대로이면서 '너희들은 이렇게 하지 마'하고 꾸짖으면 아이들은 '엄마도 그러면서 나만 야단쳐'라고 생각할 뿐이다.

부모들이 약점을 솔직히 인정한다고 해서, 자녀들이 부모들을 약점투성이라고 놀리거나 무시하지는 않는다. 오히려 그런 행동이 얼마나 고치기 힘든지, 그런 행동 때문에 생기는 어려움이 어떤 것인지, 인생의 선배인 부모로부터 듣게 될 때, 아이들은 더욱 신뢰감을 얻고 노력하는 마음을 갖게 된다.

내 경우에도 아이들이 바람직한 행동만을 하도록 몹시 노력했다. 그러나 어느 새 나의 약점, 남편의 약점이 아이들에게 배어들었음을 깨닫고는 당황하지 않을 수 없었다. 심사숙고 끝에 모든 것을 솔직히 털어놓고 이야기했더니 아이들과 나는 좋은 말벗이 되었다.

자신의 결점을 인정하는 부모 앞에서 아이들이 무엇을 숨길 것인가? 오히려 '우리 부모님은 잘하는 것만 좋아하는 분이 아니시니 무엇이든지 의논해야지'라며 고맙고 다행스럽게 느낄 것이다.

그러나 맨 처음 아이들 앞에서 내 단점을 솔직하게 인정하는 일이 쉽지는 않았음을 밝혀 두고 싶다.

삶이 새로운 경험으로 가득 차면 찰수록 아이들은 표현하고 싶어한다. 바꾸어 말하면
아이들의 언어 발달을 위해서 경험을 넓혀주어야 한다. 아이들은 자기를 표현하고자 하는
욕구가 태어날 때부터 강한데, 새로운 경험이 많아질수록 표현 욕구도 커지는 것이다.

언어 발달의 황금기 0~2세

이 석기 아이들의 어휘는 창의적이다

언어는 문화다

유럽을 여행할 때 느꼈던 곤혹감을 쉽게 잊을 수가 없다. 만국 공통어라는 영어에 자신이 있으면서도 시종 일관 긴장감을 느꼈기 때문이다. 프랑스인들을 비롯해서 유럽인들은 대개 영어를 알면서도 자국어만 사용했다. 그래서 간단하게 식사를 하려고 해도 식단에 영어가 표기되어 있지 않으면 어떤 음식을 먹어야 할지, 돈을 얼마나 내야 하는지, 재료가 말고기인지 쇠고기인지 도무지 구별할 수가 없었다. 우리 나라에서라면 '비빔밥', '쇠고기덮밥', '자장면' 등 단어만 보아도 그 내용을 쉽게 알 수 있지 않은가?

언어는 주위 사람들과 의사 소통을 하고, 다른 사람의 시선을 끌고, 자신이 필요로 하고 바라는 것을 사람들에게 알릴 수 있는 수단이다. 의사 소통이 되어야 비로소 사람들은 안정감, 자신감, 소속감을 느낀다. 아이들은 특히 느끼는 대로 말하고 싶어하고, 또 그럴 때에 삶을 보다 의미 있게 느낀다.

아이에게 언어는 단순한 의사 소통의 수단을 넘어 '성장과 발달'에 상당한 영향을 미치는 요소이다. '어휘를 배운다는 것은, 세상에 존재하는 사물과 생명체에 대한 개념을 배우는 것이며, 사물이나 인간의 관계성을 파악하게 되는 것'이라고 비고츠키Vygotsky는 말했다. 생후 18개월 이전에는 말문이 트이지 않아 울음으로 의사 소통하던 아기가, 말을 하게 되면 세상을 이해하는 속도가 빨라져 아이 돌보는 일이 수월해지는 것을 보아도 알 수 있다.

'개'를 배우는 과정을 생각해보자. 집에서 기르는 개를 아기가 처음 볼 때 부모가 '개'라고 말해주면, 아이는 집 안의 개를 볼 때마다 손으로 가리키며 '개'라고 말한다. 간혹 고양이를 가리키며 '개'라고 할 때 옆에서 "아니, 그건 고양이야" 하고 이야기해준다면 아기는 '개가 아니구나.' 하며 생각을 수정한다.

그 다음날 외출하였을 때 엄마가 털이 복슬복슬한 개를 보고 '개'라고 말해주면, 아기는 '개'에 대한 일반적인 개념을 형성한다. 큰 개, 작은 개, 검은 개, 하얀 개, 누런 개, 귀여운 개, 무섭게 생긴 개 등 '다 다르게 생겼어도 개는 공통적인 특징이 있구나.' 하고 생각한다. 고양이와도 구별한다. 사물과 사물 간의 유사성, 차이점, 관계성을 파악하는 것이다.

일상에서 흔히 볼 수 있는 '개'를 배우는 데도 이런 복잡한 과정을 거쳐야 하는 것처럼, 어린이들이 사물에 대한 개념을 학습하는 데에는 다양한 종류의 물건을 보고, 듣고, 만져보고, 냄새 맡고, 먹어보는 경험이 필요하다.

그러나 경험을 풍부하고 다양하게 해보는 것만으로는 충분하지 못하다. '경험이 언어적인 힘으로 연결되도록' 도와주는 어른이 있어야만 한다. 아이가 경험하는 것이 무엇인지를 말이나 글로 표현해주어 공통된 질서를 파악하게 해주는 사람이 있어야만 아이들은 이 사회의 일원으로서 편안히 생활해 나갈 수 있다.

미국 어머니는 자녀에게 '애플Apple'이라고 해줄 것이고 한국의 어머니는 '사과'라고 말해 줄 것이다. 미국의 어린이는 영어를 들으며, 한국의 어린이는 한국어를 익히며 각자의 사회에 적응하고 살게 된다.

경험과 자신감이 영양제

사람들은 생각하기보다 말하기를 더 즐긴다. 하루 종일 이야기하고도 모자라서 밤늦도록까지 이야기하기도 한다. 갈대숲이 가을바람을 맞아 끊임없이 소리를 내듯 그렇게 계속해서 이야기한다. 우리들이 하루 종일 한 말들을 한 줄로 죽 연결한다면 아마 지구를 몇 바퀴 돌릴 수 있을 것이다.

'말한다'는 사실은 사람들에게 꼭 필요한 일이다. 슬픈 일, 기쁜 일, 화나는 일, 속상한 일을 당할 때 우리는 누군가와 이야기를 나누고 싶어한다.

우리는 경험한 것을 이야기하고 싶어하는 욕구와 충동을 갖고 있다. 경험이 보다 극적일 때는 더 많은 말을 하곤 한다. 내 말에 귀 기울여주는 친절한 사람이 옆에 있으면 이야기는 더욱더 끊임없이 이어지게 된다. 집에 도둑이 든 후 '도둑이 들었었구나!' 하고 생각만 하는 사람이 있을까? 두려움, 공포, 놀란 마음을 자꾸만 이야기하지 않겠는가? 친한 사람을 만날 때마다 이 두려운 경험이 자꾸만 튀어나온다. 이야기를 반복하는 동안 마음도 차차 안정되기 때문이다. 말을 한다는 것은 '경험들을 생각에 동화시키고, 변화시키며, 지속시키는 수단'인 것이다.

생활이 새로운 경험으로 가득 차면 찰수록 아이들은 표현하고 싶어한다. 표현하지 않을 수가 없는 것이다. 바꾸어 말하면 아이들의 언어 발달을 위해서는 경험을 넓혀주어야 한다. 아이들은 자기를 표현하고자 하는 욕구가 태어날 때부터 강한데, 새로운 경험이 많아질수록 표현 욕구도 커지는 것이다.

다양한 사람들과 이야기를 해보고 주위에서 일어나는 사건들을 경험하는 동안, 아이들은 새로운 경험에 의미를 부여하게 되고 주위에서 일어나는 일을 보다 잘 이해할 수 있게 된다. 이런 경험들을 어린이는 표현하고 싶어하고 이것이 언어 표현의 동기가 된다.

유아에게 언어를 익히게하는 방법에 대해서도 꽤 논란이 있지만, 자기 표현의 도구인 '언어' 능력을 발달시키기 위해서는, 스스로 말하고 읽고 쓸 마음이 일어나도록 동기 유발을 하는 것이 바람직하다. 바둑판 공책에 '가, 갸, 거, 겨'를 써서 베끼게 하고, 학습지 공부를 시키고, 학원에 보내면서 반복된 훈련을 시키는 것보다 아이가 행복해하기 때문이다.

유치원 교육 활동 중 '주말 발표 시간'이나 '자기가 그린 그림에 대해 이야기해 보는 시간'이 있다. 아이 자신의 경험을 언어로 표현해보게 하는 좋은 시간이다. 초등 학교의 경우에는 '일기 쓰기', '글짓기' 등이 느낌이나 생각을 글로 표현해보는 활동이다.

그런데 유독 이런 시간만 되면 막막해하는 아이가 있다. 가슴이 너무 뛰어서 몸만 비비 꼬며 꿀 먹은 벙어리가 되기도 하고, 공책을 앞에 두고도 "어유" 한숨만 쉬기도 한다. 다른 사람이 말을 걸어오는 경우에도 제대로 반응하지 못한다. 듣는 것조차 힘겨운 것이다. 새로운 환경, 새로운 사람들을 만나게 될 때에 두려움을 느끼기 때문이다. 자신감이 없는 것이 문제이다.

어른도 마찬가지 아닌가? 근사한 호텔 레스토랑에 처음 가보는 사람이 여러 개의 포크와 나이프를 대할 때는 어떨까?

핵가족 시대에 형제 자매 없이 집 안에서만 지내던 아이가 유치원이나 초등 학교에 들어가서 수십 명이 넘는 낯선 아이들에게 둘러싸일 때 어떤 기분일까?

물론 용감하게 말을 걸어보기도 하고, 친구가 되자고 먼저 제안을 하는 아이도 있다. 가족 환경에 큰 차이가 없어보이는데도 이런 차이가 나는 이유는 무엇일까?

아기들은 호기심 덩어리이다. 호기심이 마음에 꼭꼭 차고 넘쳐 쉴새없이 밖으로 흘러 나온다. 그런데 불행히도 판단력이 결여된 호기심이다. 그래서 아이들은 하루에도 수십 번 어른들과 부딪친다.

그렇다면 아무것도 막지 말고 마음대로 하게 내버려두어야 할까? 못을 입에 넣거나 칼을 잡으려 할 때도? 높은 곳에 엉금엉금 기어 올라갈 때도? 아이의 건강과 안전을 위해 그럴 순 없다.

문제는 제재하는 방법이다. 아기들은 부모들이 소리를 지르는 것이 궁극적으로 자기들을 위해서라는 걸 깨닫지 못한다. 아기들은 자신을 세상의 중심에 놓고 생각하는 자기 중심적인 특성이 있기 때문에, 부모의 의도를 파악하지 못한다. '이것저것 궁금해하는 건 나쁜 일인가보다' 라고 잘못 생각해버리는 것이 보통이다.

갓난아기 적에 먹으면 안 되는 것을 입에 넣었을 때 엄마가 놀라서 '꽥' 지르는 소리에 크게 놀란 것은 아닌지. 아장아장 걸을 때 이것저것 참견하다가 엉덩이를 맞은 것은 아닌지.

어릴 때는 야단을 맞아도 곧 잊어버리고 다시 호기심이 발동하여 이것저것

만져보기도 하고 이 구석 저 구석 기웃거려보기도 하지만, 야단맞는 일이 반복되면 두 손 모으고 가만히 앉아 있거나 어른들이 하라는 것만 수동적으로 하는 것이 안전하다고 생각하게 된다. 좀더 용감하거나 외향적인 아이들은 어른들이 하지 말라고 해도 계속 세상을 탐색하면서 호기심을 발달시키기도 하지만, 때로는 어른들이 하라는 일은 모두 하지 않으려는 반항적인 태도를 키우는 경우도 있다.

그러니 '언어 교육'을 집중적으로 하겠다고 벼를 것이 아니라 생활 속에서 보다 많은 자신감을 느끼도록 해줄 일이다. 이런 자신감을 바탕으로 어린이들은 자기 경험을 자발적으로 표현해보고자 하는 동기를 갖게 된다. 스스로 경험한 것만을 자신 있게 표현하는 이유는 그것이 아이들에게 의미가 있기 때문이다. 경험한 것이 의미 있기 때문에 아이들은 밖으로 표현하고 싶어하고, 의미 있는 것을 표현하므로 자신감은 더 커지며, 자신감이 더욱 넘치니 표현력의 수준도 높아지게 된다.

자신감을 길러주는 것이 그 무엇보다도 중요한 부모의 역할이다.

소리가 재미있어!: 전언어기

갓 태어난 아기에게 어른들은 끊임없이 말을 한다. 아기가 사랑스러운 나머지 아직 눈도 뜨지 못한 아기에게 말을 건다. 그러면 아기들도 이런 부모의 마음을 이해한다는 듯이, 정확히 시선을 맞추지는 못하지만 표정을 지어가며 반응하기 시작한다. 또 들려오는 소리의 의미는 모르지만 상대방이 자기에게 무언가를 전하고 싶어한다는 것을 느끼게 된다.

엄밀하게 따지자면 언어 발달은 수정된 순간부터 시작된다. 태아의 청각 기능이 임신 7주부터 생긴다는 연구 결과를 고려해본다면, 태중의 아기가 우리들이 하는 말, 주위에서 일어나는 일들을 들을 수 있다는 것을 쉽게 추측할 수 있다.

그런데도 한 치 아래 태중의 아기가 들을 거라는 생각은 하지 않은 채 "아일 지워버려야겠다."든지 "원하지도 않는 임신을 해서 원수 같다."고 함부로 말하는 경우도 있다. 심한 욕설을 동원하여 부부 싸움까지 하기도 한다.

아기들은 듣는다. 엄마의 자궁 속에서부터 들으며 언어를 익힌다. 때문에 학자들은 아기의 언어 발달 단계를 '전언어기'와 '언어기'로 나눈다.

전언어기에는 태중의 학습, 태어나서 울음으로 고통이나 원하는 것을 표현하는 것, 옹알이, 몸짓 등이 포함된다. 전언어기는 어른들처럼 정확한 어휘를 구사하는 건 아니지만 이후 언어 생활의 질을 결정하는 중요한 시기이다.

생후 18개월까지, 즉 영아기를 전문적으로 연구한 보우어Tom Bower는 '인간은 태어난 직후 첫날에 제일 많이 배우는지도 모른다.'고 말해 출생의 순간과 가까울수록 학습 효과가 크다는 것을 밝혔다. 그러면 이 시기에 부모들이 할 일은 무엇인가?

우선 태아에게 알맞은 경험을 많이 제공한다. 입덧과 무거운 몸 때문에 불편하지만, 그래도 집에 누워만 있을 것이 아니라 밝은 햇볕을 쬐고, 음악을 듣고, 사람들과 즐거운 대화도 나누고, 각기 다른 악기의 소리를 들어본다. 태아는 엄마의 몸이 햇볕에 노출될 때와 그늘에 있을 때,

각기 밝고 어두움을 느낄 수 있고, 시장과 같이 사람이 많은 곳으로 갔을 때와 조용한 방에서 음악을 들을 때의 차이를 느낄 수 있다. 태아의 능력에 대해 더 자세히 알고 싶으면 『태아는 알고 있다』(샌더)를 읽으면 된다.

태어난 후에는 되도록 많이 만져주고 이야기를 건네고 웃음소리를 들려주며, 몸짓이나 소리 하나도 그냥 지나치지 말고 반응을 해주는 것이 좋다. 젖을 물릴 때나 목욕을 시킬 때, 기저귀를 갈 때까지도. 왜냐하면 아기들은 일상 생활에서 일어나는 모든 일을 하는 동안 이런 일들이 자신의 배고픔이나 불쾌한 기분을 해소해주며, 행복함, 즐거움, 편안함을 주는 일과 깊이 관련되어 있다는 것을 배우기 때문이다.

이러한 일들이 자기에게 대단히 큰 의미가 있다는 것을 알게 되면, 아이는 사랑이나 인정을 받고 싶거나 신체적인 괴로움을 해소하고자 할 때 어른들의 주의를 끌기 위해서 무언가 소리를 내야 한다는 동기를 가진다. 이것이 바로 언어를 배우기 전에 하게 되는 '몸짓', '울음', '옹알이'인 것이다.

또 브모의 목소리만 들려주기보다, 되도록 많은 사람들의 목소리를 들어보게 해서 목소리를 구별해볼 기회를 주는 것이 좋다. 처음에는 뱃속에서 제일 많이 들었던 엄마의 목소리를 좋아할 것이고 그 다음에는 엄마의 목소리와 아빠의 목소리가 다르다는 것을 깨닫게 되며, 차츰 형제나 자매, 친척들의 소리를 하나씩 식별해내게 된다. 등에 업혀 시장에도 가고 놀이터에도 가고 친척집도 방문한 아기가, 늘 집 안에서 어머니와 단 둘이 텔레비전 소리를 주로 들으며 지냈던 아기보다 소리를 식별해내는 능력이 높은 것은 당연하다.

이것은 절대 하찮은 일이 아니다. 생후 4개월까지는 이런 과정을 무엇보다도 중요하게 생각해야 한다. 왜 하필 4개월 이전일까? 4개월이 되면 아기들이 방긋방긋 웃기 때문에 어른들이 적극적으로 반응을 보이기 시작하지만, 4개월 이전에는 그냥 누워 잠만 자거나 젖만 먹는다고 생각하여 무심히 지나쳐 버릴 때가 많기 때문이다.

뒤죽박죽 창의적 문법 : 언어기

울음, 옹알이, 몸짓으로 자신의 요구를 표현해보고 그에 대한 반응을 받아보는 동안 아이들은 자기에게 이득을 주었던 것과 그렇지 못했던 것을 배운다. "응응" 하는 것보다 "엄마"라는 소리를 내었을 때 사랑하는 엄마가 더 빨리 관심을 보인다는 것을 알게 된다. '아빠', '맘마', '언니', '이모', '까까', '물', '뽀뽀' 등 다른 모든 단어들도 이런 과정을 거쳐서 습득한다.

아기들은 단어들을 어른들과는 다른 의미로 사용할 때가 많다. 즉 "엄마"라는 말을 할 때 자기의 엄마를 의미할 때도 있지만, 엄마처럼 키가 큰(아기에게는 모든 엄마가 다 커보인다.) 아줌마들은 모두 엄마라는 말로 통틀어서 부를 수도 있다. 아빠가 안경을 썼다면 아기는 안경 쓴 남자만 보면 "아빠 아빠" 하고 부르기도 한다. 이때가 '한 단어 시기'인 것이다.

돌을 전후해서 나타나는 첫 단어는 생후 15개월쯤 되면 열 개 정도로 늘어나고 경험이 많으면 많을수록 더 많이 생긴다. 18개월 즈음엔 지금까지 단편적으로 주워 모은 단어들을 함께 묶어서 사용하는데, 이 시기를 '두세 단어 시기'라고 한다. 보통 50단어를 가지고 이렇게 저렇게 묶곤 한다.

적은 수의 단어로 원하는 것을 모두 표현하려니 얼마나 어렵겠는가. "엄마 양말"이라고 말했을 때, '엄마의 양말이다.'라는 뜻도 되고 '엄마 나한테 양말 신겨줘.'라는 뜻도 되는 것이다. '엄마 맘마', '아빠 응가', '언니 까까'

같은 종류의 말들을 많이 듣는 이유다. 아이들이 구사하는 내용들은 경험이나 발달 속도에 따라 다르기 때문에 언어 발달이 늦다고 공연히 걱정할 필요가 없다.

이 시기 아기들의 어휘는 창의적인 데가 있다. 어른들은 상상도 못할 표현을 하곤 한다. "내 거 안 바지야.", "안 삼촌이야." 라는 표현이라든지 "코끼리 차(포크레인을 보며)" 같은 말들은 어린 아기가 아니면 해낼 수 없다. 문법이나 어법에 맞지 않기 때문에 어른들은 아이의 말뜻을 알아듣지 못할 때도 많다.

그래서 아이의 말을 이해하려면 상황을 보아야 한다. 부모는 아이의 말뜻을 알아듣는데 다른 사람들은 모르는 것이 좋은 예이다. 짧은 말에 여러 가지 의미를 함축한다 해서 학자들은 '전보 문장식 언어' 라 부르기도 한다.

두 단어를 묶어서 이야기한 지 약 2개월이 지나면 세 단어 이상도 조합해서 이야기하는 '세 단어 이상의 시기' 가 된다. '아빠 아파 아빠 약' , '엄마 같이 앉아' , '아야야 눈 아파' , '여기 지지 묻었다' , '엄마 맘마 먹을래' '나무 머리 없어(겨울에 잎이 다 떨어진 가로수를 보며)' 등등.

각 발달 단계마다 부모가 할 일은 무엇일까? 아이들이 듣고, 말하고, 읽고, 쓰는 경험이 다양하고 풍부하게 일어나도록 돕기만 하면 된다. 듣기, 말하기, 읽기, 쓰기는 아이들의 언어 발달을 돕는 중요한 활동들이기 때문이다. 듣기만 하고 말로 표현을 못 하는 아이, 자기 말은 하고 싶은 대로 하지만 남의 말을 들을 줄 모르는 아이, 듣고 말하기를 다 잘하지만 읽지 못하거나 쓰지 못하는 아이, 모두 언어 발달이 제대로 되지 못했다고 언어 전문가들은 말한다.

듣는 경험을 최대한 많이

어른들은 듣기와 말하기를 거의 동시에 한다. 누군가의 이야기를 들으면서 동시에 말할 내용을 생각한다.

듣기 능력은 어떤 점에서는 말하기 능력보다도 중요하다. 아기는 옹알이를 하면서부터 자기 생각을 표현하지만, 모두가 이해할 수 있는 말은 만 3세가 지나야 하고, 그 전에는 식구들이 하는 말을 주로 듣기 때문이다.

어른들의 말소리 외에도 라디오, 텔레비전에서 나오는 소리를 들으면서 말을 배울 수 있다. 그러나 기계에서 나오는 소리를 듣고 말을 배우는 일은 바람직하지 못하다. 일방적이기 때문이다. 라디오나 텔레비전은 아기들의 행동에 따뜻하게 미소짓거나 말을 걸어주지 않기 때문에, 아기들은 재미를 느끼지 못할 뿐더러 어떤 말들이 유익한지도 알 수 없다.

아기 주위에서 이야기를 많이 하면 아기의 듣기 활동이 자극될 것이다. 그러나 그보다 더 좋은 것은 아기가 주의 집중할 수 있는 활동을 하는 것이다.

영유아기 아기들을 관찰하면 유심히 듣는 것을 알 수 있다. 그리고 들은 것을 시험해본다. 할아버지와 할머니가 서로 '여보', '당신' 하며 부르는 것을 들은 다영이가 할아버지를 보며 작은 소리로 '여보' 하였다. 이 말에 할아버지가 반응을 보이지 않자 또 '당신'이라고 하였다. 그래도 만족할 만한 반응을 보이지 않자 그만두었다. 아이들은 들은 것을 말해보며 배운다.

0~1세까지의 듣기 활동 아홉 가지

하나, 손으로, 눈으로, 말로 사랑 전달하기

아이의 몸 그 자체는 세상과 소통하는 중요한 도구이다. 그래서 부드럽게, 사랑스럽게 토닥거려주는 손길을 통해 사랑을 느낀다.

생각해낼 수 있는 모든 방법을 동원해서 아기를 최대한 부드럽고 편안하게 만져주자. 굽혔다 폈다 다리 운동을 시켜주고, 코를 살짝 쥐어줄 수도 있으며, 가슴에 안아줄 수도 있지 않겠는가.

이때 "예뻐라", "코가 예쁘기도 하지", "다리 운동을 하니까 아주 시원하지?" 한다면 아기는 자기에게 행복과 사랑을 주는 행동과 말의 뜻을 연결시킨다. 사랑의 말과 미움의 억양을 구분해내는 변별력도 생긴다.

웃는 얼굴로 눈을 맞추며 이야기해주자. 반드시 명랑한 마음으로 눈을 보며 하자. 알아듣지 못하는 것 같더라도 지금 무얼 생각하고 있는지 이야기해주자.

둘, 식구의 사진 붙여주기

즐겁게 웃는 모습을 찍은 사진을 크게 확대해서 아기가 누워 있는 곳 가까이에 붙여준다. 이 활동은 갓 태어난 아기부터 생후 3개월까지의 아주 어린 아기에게 좋다. 사진을 보는 동안 눈의 초점을 맞추어야 하고, 주의 깊게 보아야 하며, 사진과 실제 인물을 연결하여 생각해보아야 하기 때문이다.

처음에 보여주는 사진은 식구들의 모습을 찍은 것이 좋다. 상품화 된 포스터나 유명인의 사진은 의미가 없다. 사진을 아기가 알아보지 못할 거라는 생각은 어른 중심적 사고일 뿐이다. 겉으로 표현하지 못할 뿐이지 아이들은 생후 18개월 동안 실로 엄청난 것을 배운다.

아기가 사진을 더이상 쳐다보지 않으려 하면, 흥미를 잃었다고 판단하고 다른 종류의 사진을 붙여주자. 좋아하는 놀잇감의 사진은 어떨까? 아기가 흥미를 느끼도록 색깔이 선명하고 밝은 포스터를 붙여주어도 좋다.

그림을 붙여줄 때마다 "진이야, 여기 엄마가 있네.", "이것 봐, 여기 아빠와 엄마가 있지?" 하며 또박또박 천천히 말해준다. "아빠"라는 말을 할 때 아빠 모습을 짚어주고 "엄마"라는 말을 할 때 다시 엄마 모습을 짚어주면서 이야기를 하면 아기는 '엄마', '아빠'라는 말과 실제 엄마 아빠를 연결해보는 기회를 갖게 된다.

셋, 모빌 만들기

아기의 머리 위에 여러 종류의 물건을 매달아준다. 물건은 위험한 것만 아니면 무엇이라도 좋다. 헌 종이 상자, 스카프, 넥타이, 리본, 장갑, 플라스틱 컵, 놀잇감, 방울, 봉제완구, 꽃 등 다양하게 바꾸어 달아 놓을 수 있다.

한 번에 물건을 많이 달아줄 게 아니라 2~3개 정도만 달고, 자칫 아기가 삼킬 수도 있는 위험한 물건은 어른이 있는 자리에서 보여주곤 얼른 떼어내야 한다. 스카프, 넥타이, 끈과 같은 물건들은 달아 놓더라도 늘 살펴서 아기의 목에 감기는 위험한 일이 일어나지 않도록 주의한다.

상품화된 모빌도 괜찮다. 하지만 2~3가지 종류를 준비한 후 자주 바꾸어주도록 한다.

아기가 물건들을 쳐다보고, 만져보고, 잡아보는 경험을 한 다음에는, 손으로 짚어가면서 이름을 이야기해준다. 비록 그 당시에는 이해를 못 해도 사물의 이름을 보다 많이 기억할 수 있는 바탕이 마련된다.

물건에 반응하는 정도는 아기에 따라 다르다. 생후 2개월에는 물건을 쳐다보기만 하고, 3개월이 넘으면 손으로 잡아보려고 할 것이다. 좋아하는 물건도 변한다. 아기가 오래 쳐다보는 물건은 무엇인지, 전에 좋아하던 물건은 어떤 것이고 지금은 무엇을 좋아하는지, 어떤 차이 및 변화를 보이는지 세심히 관찰하고 아기에게 반응해주자.

"장갑이구나." (손에 장갑을 끼어 보여준다.)

"방울이 달려 있네, 소리 좀 들어볼래?" (방울 소리를 들려준다.)

"곰인형이란다. 뺨에 대볼까? 아주 부드럽단다." (감촉을 느끼도록 뺨에 직접 대어준다.)

새로운 물건으로 바꾸어줄 때도 말없이 달아줄 게 아니라 아기 눈앞에서 새로운 물건을 흔들어 보여주고, 천천히 좌우로 움직여주기도 하여 그 물건에 익숙해지도록 하는 것이 좋다.

여러 종류의 물건을 매달아주는 일은 아기의 시각 활동을 촉진시키고 물건 잡기 능력, 듣기 능력 등을 일깨워준다. 이러한 능력을 바탕으로 아기들은 보다 많은 호기심과 흥미를 갖고 사물을 탐색하게 될 것이다.

넷, 식사 시간의 듣기 활동

먹는 일은 아기들이 깨어 있는 동안에 하는 여러 가지 중요한 일 중 하나이다. 먹는 활동을 통해 아이들은 배고파도 잠깐 참을 줄 아는 태도와 만족감을 배운다.

이때 부모는 아기가 젖 먹는 일, 이유식 먹는 일, 식탁에서 식구들과 음식 먹는 일을 이용해서 상호 작용을 할 수 있다. 아기가 식사 시간에 식구들이 즐겁게 이야기하는 것을 들으면 아기의 어휘는 증가한다. 젖병을 물려 베개로 받쳐 놓고 만다든지 혼자 먹게 내버려 두는 일은, 먹는 일로 배고픔을 해소시키는 단 한 가지 기능밖에 발휘하지 못한다.

"빨리 먹어라.", "깨끗이 먹어라.", "그렇게 하면 못써."라는 이야기는 되도록 하지 않는다. 즐거운 목소리로 음식에 대해, 아이에 대해 이야기해주자. 먹는 활동과 연관해서 즐거운 일들이 일어나게 되면 부모와의 관계가 원만히 형성되고, 신뢰감이나 대인 관계 기술이 길러지고, 주위 환경을 즐겁게 탐색하는 행동의 기본도 형성된다.

또 배가 고픈 유아들은 갑자기 공격적이 되어 울거나 서로 싸운다. 따라서 어린아이들과 어떤 활동을 하기 전에 과일, 과자 등 간식을 주어 배고픔을 먼저 없애준다.

다섯, 산보하기

갓난아기나 혼자 걸을 수 있는 아기 모두에게 필요한 활동이다. 아기의 경험을 확장시켜주기 위해서 아기를 규칙적으로 밖에 데리고 나가야 한다. 집

안에서만 지내면 아기의 경험은 제한받는다. 집에서 아무리 용의 주도하게 계획하여 활동을 마련해준다 해도 세상에 비하면 미흡하기 때문이다.

아기를 데리고 다닐 때 가끔 어른의 어깨 위에 앉혀주면, 아기는 자기의 키로만 보았던 세상과는 다른 세상을 볼 수 있다. 다른 사람들이 무얼 하는지, 꽃의 고양이나 냄새는 어떤지, 새 소리는 어떤지……. 눈이 왔을 때라면 눈사람을 함께 만들고, 여름에는 물놀이를 해도 좋다.

외출이 힘들면 집 안을 산보하는 식으로 돌아다녀도 좋다. 함께 창 밖을 내다보며 보이는 풍경을 설명해주고, 각 방의 구석구석마다 돌아다니며 이야기해주자. 큰 물건뿐만 아니라 섬세하고 작은 것에 대해서도 주의를 기울이도록 유도한다. 처음엔 뭐가 뭔지 모르던 아이들도 은연중에 사물을 관찰하는 방법이나 태도를 터득하게 될 것이다.

여섯, 이름부르기 놀이

소리와 소리를 내는 사람을 연관시켜볼 수 있는 놀이이다. 아기의 이름으로 시작하는 것이 좋은데, 자기의 이름을 자꾸 들으면 아기는 자신도 이름을 가진 사람인 것을 깨달으면서 자아감을 형성한다.

아기를 다른 사람의 무릎에 앉히고 아기 앞에 앉거나 서서 반응을 보일 때까지 아기의 이름을 부른다. 아기가 반응을 보이기 시작하면 그 다음에는 속삭이는 소리로, 그 다음엔 노래하듯이 이름을 불러본다. 아기가 고개를 가눌 수 있게 되면 옆쪽에서 불러보자. 조금만 옆쪽으로 비켜서서 시작한 다음 점점 각도를 넓혀가는 것도 흥미로울 것이다.

아기의 반응이 능숙해지면 놀이를 보다 복잡하게 만든다. 멀리 떨어져서 이름을 부르고, 스카프를 뒤집어쓰고 부르고, 뒤쪽에서 부르는 등 다양한 시도를 해볼 수 있다.

아빠나 엄마는 아기가 볼 수 있는 곳에 서서 입만 벙긋거리고 다른 사람이 아기의 이름을 부르도록 해보자. 그리고 아이가 어떤 반응을 보이는지 살핀다. 아빠나 엄마의 소리가 아닌 것을 알아내는지? 얼굴에 당혹감을 보이는지 그렇지 않은지 살펴본다. 그 다음엔 실제로 자기를 부른 사람을 향해 돌아보는지? 두 사람이 동시에 아기의 이름을 불러보기도 한다.

슬기롭고 공부 잘하는 아이가 하루 아침에 키워지는 것은 아니다. 초등 학교에 입학하는 날부터 아이를 닦달한다고 해서 공부를 잘하게 되는 것도 아니다. 태어날 때부터 주위 환경에 예민하게 반응하는 법을 배운 아기들이 커서도 세상을 흥미있게 관찰하며 배운다. 이 활동은 아기의 언어 발달을 돕기도 하지만 생각하는 기술도 길러준다.

일곱, 만지면서 이름 대기

감촉이 다른 물건이나, 신체의 각각 다른 부분을 만지면서 말로 표현을 해준다. 감촉이 다른 헝겊을 만져보면서 "만져봐, 부드럽지?" 할 수도 있겠고 신체의 각각 다른 부분을 만지면서 "다영이 코네.", "준기 발이구나.", "영준이 팔이다.", "이것 봐, 이건 아빠의 귀야." 하고 이야기를 해줄 수도 있다.

나중에는 아기에게 질문 형식으로 묻는다. "곰돌이 코는 어디에 있지?", "아빠의 눈은 어디에 있을까?" 하고 묻는 활동 역시 자기 주위 환경에 있는 물건과 어휘를 연관시켜주어 어휘 및 개념의 증가를 돕는다.

여덟, 목욕 놀이

목욕시킬 때도 아기와 상호 작용을 할 수 있다. '어떻게 목욕하는 동안 상호 작용을 할 수 있담, 번거롭게.'라고 생각하는 어머니도 있겠지만 하루에 한 가지 정도만 특별한 일을 생각하는 것은 어렵지 않다.

아기의 몸에 비누를 바르고 "아이, 참 미끄럽구나." 하며 살살 문질러주고, 비누 묻은 손으로 아기 놀잇감을 만져서 쑥 빠져나가는 장면을 보여주면서 "미끄러워서 빠져나가네." 할 수도 있다. 비누거품을 "거품이야." 하면서 아기의 손에 문혀주고, "차갑지?" 하면서 찬물에 손을 대보게 하고, 다시 따뜻한 물을 부어주며 "따뜻한 물이네." 할 수도 있다. 스펀지, 플라스틱 놀잇감, 비누. 탁구공 등을 물에 넣은 다음 "이 놀잇감은 물 위에 둥둥 떠 있다.", '비누가 가라앉는 것을 보렴." 하면서 새로운 사실에 주의를 기울이게 할 수도 있다.

아홉, 놀잇감 끌어당기기

길이 1미터 정도의 긴 끈을 세 개 준비한다. 그 중 하나에는 놀잇감을 묶는다. 끈 셋을 나란히 놓고 아기에게 놀잇감이 달린 끈을 찾아 잡아당기게 한다. 생후 9개월이면 할 수 있다.

처음에는 마음대로 갖고 놀게 한다. 그러다가 놀잇감이 달린 줄을 당기면 "저것 봐, 이 끈에는 놀잇감이 달려 있네.", 아무것도 달려 있지 않은 끈을 잡아당긴다면 "이 끈에는 놀잇감이 없네."라고 이야기해준다. 얼마간 아이가 놀이에 익숙해지면, '놀잇감', '끈', '있다', '없다' 라는 어휘들을 자기의 행동과 연관지어보도록 언어적 지시를 주기 시작한다.

"놀잇감이 달린 끈을 잡아당겨보자."

"놀잇감이 없는 끈을 잡아당겨보자."

이 활동을 하려면 아기는 놀잇감의 위치를 파악해야 하고, 엄마가 말하는 언어적 지시를 따라야 하며, 엄지와 나머지 손가락들을 이용해서 잡아당길 수 있어야 한다. 이른바 문제 해결 능력을 기르는 것이다. 놀잇감의 종류나 끈의 색깔을 다르게 해놓아 보다 복잡하게 해주어도 좋다.

1~2세까지의 듣기 활동 다섯 가지

이 시기 아이들의 발달은 경이롭다. 균형을 잡아 서고 걷는 것을 배우는가 싶으면 어느 새 팡팡 뛰어다닌다. 손의 조정 능력이 크게 증진됨에 따라 물건을 잡았다가 놓는 일을 즐기고, 젖병보다 컵으로 마시려 하고, 수저나 크레파스를 움켜잡기도 한다. 말의 소리는 물론 의미도 구별하기 시작하고, 혼자 어른들의 말을 흉내내보기도 한다. 두 돌이 끝날 무렵부터 괄약근이 제대로 발달하기 때문에 대소변 가리기 훈련을 시킬 수도 있다.

이 시기에는 운동 기능의 발달이 매우 급속하기 때문에 언어 발달은 약간 느린 듯이 느껴질 수 있다. 대체적으로 18개월쯤 되었을 때 아기들의 어휘 수는 대개 50개 정도가 된다.

하나, 그림 맞추기

아기가 소근육을 쉴새없이 움직일 수 있는 놀이이다. 여러 종류의 그림 맞추기를 마련해주면 더욱 효과적이다. 네모, 세모의 모양 이외에 개, 고양이 등 동물 모양을 이용해도 좋다. 생후 12개월에서 18개월이 된 아기들에게는 모양이 간단한 것으로 한 조각만 맞추도록 하되, 두 살이 되면 두세 조각으로 늘려서 준다. 옆에서 "오늘은 그림 맞추기를 하자.", "자 여기 네모가 있네. 이 구멍에 맞춰보자."라고 도와준다.

네모·세모·동그라미 등 간단한 모양을 맞추는 것은 쉽지만, 개나 고양이 등 복잡한 모양을 맞출 때에는 위와 아래, 옆을 제대로 찾을 수 없어 힘들다. 그 때는 조각의 모양을 간단히 설명하면서 "옆으로 돌려보자.", "조금만 더 돌릴까?", "여기 봐라. 뾰족하게 뚫려 있지? 여기에 맞는 모양인가 잘 보자." 등 아이에게 이야기해주면 좋다.

얼마나 빨리, 정확하게 맞추는가는 중요한 일이 아니다. 그림 조각들을 맞추어가는 과정에서 문제 해결 능력을 배우고, '나도 무언가 해낼 수 있다.'는 자신감을 배우는 일이 더욱 중요하다. 서두르지 말자. 아이가 자신의 속도에 맞게 배울 수 있도록 기다려주자.

둘, '안 돼!'가 아니라 '잠깐만!'

만 두 돌까지 아기들은 천방지축이다. 위험한 일을 깨닫지 못하고 조심성도 없는데, 호기심은 넘쳐서 이곳 저곳 기웃거리고 만져보고 입에 넣곤 한다. 때문에 아기를 돌보는 이들은 한시도 마음을 놓을 수 없다. 아기의 행동을 잘 관찰해서 위험한 일, 다른 사람에게 해가 되는 일은 하지 않도록 조절해주어야 한다. 이제 '버릇들이기'가 시작되는 것이다.

이 시기는 발달 특징상 제1의 반항기이다. '안 돼'라고 하면 무조건 고집부리며 떼를 쓴다. 그래서 만 두 돌을 전후해서는 감정이 묻어나기 쉬운 '안 돼'라는 말보다는 '잠깐만'이라는 단어를 쓰는 것이 유리하다. 예를 들어 아기가 전기 플러그에 손을 갖다 대려는 위험한 순간에, 엄격하지만 차분한 소리로 '잠깐만'이라고 말하며 아이의 손을 이끌어 다른 곳으로 관심을 돌린다.

이 시기의 아이들은 '안 돼'라는 말을 대단히 부정적인 의미로 파악한다. 반면 네가 하고 있는 일을 잠깐 멈추라는 뜻의 '잠깐만'은 상태를 객관적으로 말해주는 것이어서 부모의 부정적인 정서 상태가 개입될 여지가 적다. '잠깐만' 하고 말했을 때 아기가 멈칫하게 되면 그 때 상황을 바꾸면 된다.

왜 그런 행동을 하면 안 되는지 이유를 알아듣는 나이가 되면 '아니' 또는 '안 돼'라는 말을 쓸 수 있을 것이다. 그러나 만 두 돌 정도 된 아기들은 세상을 탐구하고픈 욕망은 많지만 이모저모 살필 줄은 모른다. 아무리 이유를 논리 정연하게 설명해준다 하더라도 알아듣지 못하고 자기 고집대로만 행동하려 한다. 아기 고집대로 무엇이든지 다 하게 내버려 둘 수도 없고 그렇다고 무조건 막을 수도 없어서 엄마들은 힘들고 괴롭기만 하다. 아기가 손대는 것마다, 하는 일마다 하지 못하게 한다면 아기들은 반항적이 되거나 아주 수동적이 된다. 아무것에도 흥미를 느끼지 못하게 된다는 뜻이다.

그러니 만져서 위험하다고 생각되는 것은 모두 치워서 '아기 중심의 환경'을 만드는 것이 정답이다. 쓰레기통, 칼, 약병, 성냥, 선풍기와 같은 것을 아기의 손이 닿지 않는 곳에 놓게 되면 '안 돼'라고 말해야만 하는 경우가 훨씬 줄어든다.

또 기대 수준을 낮추면 '안 돼'를 줄일 수 있다. 영어를 못 하는데 영어로 이야기를 해대면 당혹스럽듯이 아기도 자신이 해낼 수 있는 것보다 더 어려운 것을 해내라고 하면 좌절하거나 아예 포기해버린다. 집 안이 좀 어지럽고 지저분해지면 어떤가. 자녀의 성장을 위해서 귀중한 투자이다.

만 두 돌 아기의 주의집중력이 5분인 점을 이용해서, 관심을 다른 곳으로 돌려줘도 좋다. 아기가 하면 안 되는 일을 하겠다고 떼쓸 때, 하겠다고 고집 부리는 그 일보다 더 재미있는 일을 하게 해준다든지 밖으로 데리고 나가면, 아이는 금세 잊어버린다. 그 틈에 먼저 고집피우던 물건을 치워버리면 된다.

최상의 방법은 역시 칭찬이다. 음식을 잘 먹지 않던 아기가 잘 먹을 때, 마구 어지럽힌 놀잇감을 스스로 치울 때 엄마의 마음이 기쁘다는 것을 표현해주면 아이들은 인정을 받고 싶어서 그 행동을 반복한다.

셋, 공 굴리기

이 시기 아이들은 간단한 공놀이를 즐긴다. 작은 플라스틱 공과 큰 고무공을 갖고 놀게 하면 아이들의 대근육과 소근육이 골고루 발달하여 좋다.

마주 앉아 "여기 공이 굴러간다. 공을 잡아보자.", "엄마가 던질 테니 잡아보렴." 하면, 아이는 간단한 언어적 지시를 따르는 방법도 습득한다.

헝겊으로 만든 큰 공은 아이에게 두 팔을 벌리게 하여 받게 한다. 만 4세 미만의 아이들은 아무리 잘 던져주어도 공을 받지 못하는 경우가 많으므로, 처음에는 아주 가깝게 서서 던져준다. 여러 번 반복하다보면 두 팔로 공을 꼭 잡으며 받을 수 있게 된다.

넷, 부모의 행동을 설명하기

이 시기의 아기는 비록 반응은 할 수 없지만 어른들이 하는 행동과 말을 연결해서 듣는 동안 듣기 능력이 발달한다. 그러니 아기를 목욕시킬 때도 "물이 참 따뜻하지?", "자, 비누칠을 하자. 거품이 많이 나네." 같은 말을 하도록 한다. 아기가 말로 반응을 보이지 않으니 쑥스럽고 어색하게 느껴지겠지만 개의치 말고 인내심을 가지자. 아기들은 그 단어를 입으로 말하기 전에 듣고 이해하는 능력부터 먼저 생기기 때문이다.

세상 경험이 부족한 아기들에게 친절히 대해주기 위해서도 계속 이야기할 필요가 있다. 아기들에게는 우리 나라 말도 외국어와 같다. 말을 못 알아듣는 외국에서 우리 어른들은 어떠한가? 누군가가 천천히 또박또박 일러주면 상황을 쉽게 파악할 수 있고 고맙게 느끼지 않는가.

이 원칙은 아기들뿐 아니라 좀더 자란 아이들에게도 적용된다. 일상 생활을 통해 주위에서 일어나는 일에 관심을 갖고 이야기를 해주면 어느 새 아기들은 슬기롭게 자라난다.

다섯, 방 안의 물건 찾기

12~18개월의 아기들에게 특히 유용한 활동이다. 아기들에게 방 안을 둘러보고 물건이 어디 있는지 찾아보도록 질문을 던진다.

"창문은 어디 있을까?" 하고 엄마가 물으면 아기들은 물건과 이름을 연결시켜 이해한다. 손으로 물건을 가리키면 "응, 창문이 저기 있구나." 하고 응답을 해준다.

물건 찾기 놀이를 더 확장시켜서 "무엇이 같지?", "무엇이 다른가 보자."라고 말해서 유사점이나 차이점도 찾아보도록 한다. 놀이를 하듯 재미있게 아기와 이야기를 하다가 아기가 싫증을 내면 그만두도록 한다.

읽기 카드는 아이가 세상으로 건너가는 튼튼한 징검다리가 될 수 있다. 아이의 흥미에서 시작된 단어를 어른들의 지식 세계로 확장할 수 있기 때문이다. 아이가 자기의 생각과 느낌을 글로 나타낼 수 있다는 것을 깨닫고, 글자는 글자로 끝나는 것이 아니라 무언가 흥미 있는 것이 담겨져 있다는 생각을 갖도록 이끌어주는 것이 가장 중요하다.

놀면서 발달하는 3세 아이의 언어력

섣부른 새대로 아이의 질문을 막아서는 안 된다.

지혜 엄마 vs. 윽박 엄마

두세 마디로 의사 표현을 하게 되는 만 3세 무렵 아기들은 말을 많이 한다. 한 번 시작하면 그칠 줄 모르고 이야기한다. 이때 어른들의 반응은 가지각색이다. 건성으로 듣는 부모, 아이가 하는 말마다 핀잔을 주는 부모, 묻는 말을 잘 듣고 반응하는 부모 등.

장브러 나온 엄마와 아이의 대화는 우리가 쉽게 볼 수 있는 예이다. 같은 상황에서도 엄마의 대응에 따라 상호 작용의 질이 달라진다. 다음 페이지에서 표현한 '지혜 엄마'와 '윽박 엄마'의 대화가 어떻게 다른지 살펴보자.

지혜 엄마 : 아이가 질문하도록 은근히 격려하고 있다. 아이 수준에서 해낼 수 있는 일을 주어 아이가 '나는 무언가 해낼 수 있는 중요한 인물'이라고 느낄 수 있게 배려하고, 정보는 되도록 합리적으로 주려고 노력하고 있다. 자신을 존중해주는 어머니로 인해 아이는 사물에 대해 흥미를 느끼고 문제를 일으키지도 않는다. 아이에게는 상황 전체가 보람 있는 일로 여겨지기 때문에, 더 많이 질문하고 새로운 정보를 얻기 위해 노력한다.

윽박 엄마 : 아이가 해야 할 일을 엄마가 정해서 말한다. 그런데 그 기준이 어머니의 임의적인 판단인데다, 일관성이 없고 '안 돼'라는 말이 끊임없이 되풀이된다.

● 윽박 엄마

엄마는 부산스럽고 통제가 안 되는 아이 때문에 갈등을 느끼지만, 아이 입장에서는 왜 그런 행동을 하면 안 되는지 알지 못한 채 무조건 제한받는다고 느낀다. 질문에 대답하는 엄마의 말도 간단하고 짧아서 합리적 사고를 길러줄 수 없다.

위의 대화는 두 아이의 집안 생활도 짐작케 한다.

어머니와 아이가 나누는 대화 이외에도 아이들이 하는 놀이의 종류, 이 놀이에 부모가 참여하는 정도, 이야기를 나누는 시간의 양, 놀잇감의 다양성, 이웃 아이들과 어울리는 기회, 산보나 여행 경험 등 많은 요인들이 복합적으로 작용하여 영향을 준다.

말을 배우는 시기에 매일 매일 이러한 반응을 어머니로부터 받게 될 경우 어떤 일이 발생할 것인가? 아이들은 배운 대로 반응한다. 부모가 어떤 태도, 어떤 언어를 사용했는가는 자기도 모르게 아이들의 뇌에 기억되었다가 말로 표현된다. 다른 사람과 이야기하는 법, 정보를 취득하는 방법, 주위 세상을 대하는 태도가 부모와 많이 닮는 이유도 이 때문이다. '놈' 자를 붙여 욕하는 아버지를 본받아 네 살 남자 아이가 음료수 병을 "한 놈, 두 놈, 세 놈……." 하고 세더란다.

'지혜 엄마'는 이야기를 나눔으로써 아이로 하여금 사고의 능력을 기르게 하였고, 언어를 효율적으로 사용하는 방법을 터득하게 하였으며, 의문이 생기면 이를 알고 있는 어른에게 갖고 가야겠다는 생각을 하도록 만든다. 이러한 능력들은 학교에 들어간 후 공부를 잘하게 하는 기초가 된다.

'욱박이'는? 지혜와는 다른 방향으로 발달할 가능성이 높다. 어른에게 말을 거는 것은 바람직하지 못하며, 보고 들은 것을 말할 필요가 없고, 어른의 체면에 닿는 것만 받아들여야 한다고 생각하게 될 것이다. 어른들이란 무엇을 하지 말라고 하는 존재이기 때문에 의식주를 해결할 필요가 있을 때나 허락을 받을 때 이야기를 걸 존재이지, 이 세상에서 일어나고 있는 현상을 이해하기 위해 질문을 던질 필요는 없는 사람들이라고 생각하게 될 것이다. 이런 태도를 지닌 채 학교에 들어가게 되면 여러 가지 손해를 입으리란 것은 뻔한 일이다.

그러므로 이제부터 아이와 대화할 때는 다음의 네 가지를 꼭 명심해두자.

첫째, 아이가 하는 말을 잘 들어주자.

둘째, 보다 합리적이고 논리적으로 정보를 줄 수 있는 언어를 사용하자.

셋째, 아이의 말에 진지하게 반응을 보이자.

넷째, 보다 체계적으로 아이의 말하기 능력을 증진시키기 위해 노력하자.

엄마, 나는 일곱 가지로 말해요

아이들이 사용하는 말하기는 크게 일곱 가지로 분류된다. 부모는 자녀가 이 일곱 종류의 말하기를 고루 사용하는지, 한 가지에만 편향되어 있지는 않은지, 도움을 더 주어야 할 부분이 어디인지 세심히 관찰하고 도와주어야 한다.

하나, 자기 보호

아이들은 자신의 신체적, 심리적 욕구를 표현하여 자기를 보호하려 한다.

  "엄마, 나 밥 먹을래."

  "나 봐요. 난 이거 할 수 있어요."

자기 자신을 보호하고 방해받지 않으려고 한다.

  "저리 가. 너 때문에 내가 아프잖아."

  "이거 내 거야."

자기의 행동을 합리화하고 주장을 관철시키려 한다.

  "쟤가 내 그림을 망쳤기 때문에 내가 때렸어요."

  "이건 내가 먼저 가졌으니까 내 거예요."

수동적인 보호를 넘어서, 능동적으로 타인을 비난하거나 위협하기도 한다.

  "난 내가 만든 집이 싫어. 이상해."

  "너, 그 자동차 안 주면 때릴 거야."

둘, 지시

자신의 행동을 지시한다.

"이걸 돌아가게 해야지. 트럭은 이리로 돌아가게 할 거야."

남의 행동을 지시한다.

"(친구보고) 상우야, 트럭을 그리로 가져갈래? 거기서 짐을 내려. 그리고 그 차를 언덕으로 밀어서 내려보내."

협력해서 일을 하기 위해 지시한다.

"네가 이 종이를 자르면 난 투명 테이프로 붙일게."

부모의 자상한 관심을 받으며 자란 아이들이 지시하는 말도 명확하게 해낸다. 어른들 중에도 길을 가르쳐줄 때나 행동을 지시할 때 불분명하게 어물거려서 다른 사람이 이해하지 못하는 경우가 있다. 부모의 배려가 부족하면 명료하게 말하는 어른으로 성장하기 어렵다.

셋, 객관적인 보고

아이들은 자신의 경험이나 느낌을 객관적으로 이야기하는 능력이 절대적으로 부족하다. 신경 써서 이끌어줘야 하는 것이 언어 능력이다.

상황을 구성하고 있는 요인에 대해 하나씩 이름을 말한다.

"그건 자동차야. 저기앤 버스가 있고, 저건 트럭이야."

상세하게 사물의 특징(크기, 색깔 등)을 말한다.

"작고 빨간 버스는 뒤에 문이 있는데 열려 있어."

일어난 사건에 대해 말한다.

"제가 벽돌을 가져다 쌓았는데 수창이가 와서 허물었어요."

사건이 발생한 순서를 차례대로 말한다.

"차에 짐을 실어서 저 건물로 가져갔는데 거기서 모두 무너졌어요."

비교해서 말한다.

"트럭은 파란 버스보다 크지만 색깔은 같아요."

연관되는 면을 찾아서 말한다.

"트럭에 짐을 싣고 너무 빨리 달리면 물건이 떨어져요."

상황을 종합적으로 분석해서 말한다.

"작은 트럭 세 대와 큰 트럭이 두 대가 있는데 차고에 다 넣을 수는 없어
요. 차고가 좁기 때문에 한 대는 바깥에 두어야 해요."

중심이 되는 중요한 의미를 파악해서 말한다.

"우린 지금 사고가 난 것처럼 하는 거야."

자신의 경험이나 느낌을 객관적으로 말한다.

"나무 블록을 가지고 놀고 있었는데 저 애가 이걸 막 부수잖아요. 쟤가 놀
이를 다 망치고 있어요."

넷, 논리적인 이유

객관성만큼이나 아이들에게 부족한 것이 논리성이다. 어떤 아이는 합리적으
로 이야기를 잘 하는데 어떤 아이는 단편적인 사실만을 나열한다.

과정을 설명한다.

"팔이 부러지면 의사 선생님이 무언가를 붙여준단다. 일회용 밴드나 반창

고 같은 거야. 그런데 그것보다 더 딱딱한 것으로 팔 전체를 감지."

원인과 결과를 말한다.

"다리가 낮으면 유람선이 지나가지 못하지. 그래서 저렇게 중간을 높게 한 거야. 다리가 열리도록 만들기도 해."

문제와 그 해결 방법을 말한다.

"이 상자는 작아서 차고를 만들 수 없어. 나무토막을 여러 개 쌓아서 만들 거야."

사건을 생각해본 후 결론을 내린다.

"이 시계를 뜯지 않는 것이 좋겠어. 다시 그대로 맞출 수 없을 것 같거든."

원칙을 말한다.

"난 자전거를 탔으면 좋겠어. 그런데 탈 수 없어. 길에서 타는 것이 너무 위험하기 때문이야."

다섯, 예상

분명히 일어날 일 이외에도 앞으로 일어날 일의 순서, 앞으로 일어날 수 있는 문제점이나 해결 방안 등을 이야기해보는 경험을 갖는 것이 중요하다.

"다음엔 무얼 할 거니?"

"우유를 마신 다음에 그림을 그릴 거예요."

부모들도 자신이 앞으로 할 일을 아이들에게 미리 알려준다.

"두 달 후에 아빠는 비행기를 타고 미국에 가실 거야. 아빠가 만든 물건을 미국 사람들에게 파시려고. 어려운 말로 무역이라고 해."

(후에 친구에게) "우리 아빠는 미국에 무역하러 가실 거야."

앞으로 일어날 일을 예상해보도록 이끌 수도 있다.

"다영이, 유치원 다음엔 초등 학교에 가겠네."

"할머니, 그 다음엔?"

"중학교."

"그 다음엔?"

"고등 학교, 그 다음엔 대학교에 가는 거야."

"그럼 나 연구실에 가는 거야?"

이때 다영이가 장래 일어날 일의 순서를 다 이해한 것은 아니다. 대학교 이야기가 나오니까 자주 들르는 할머니 연구실을 떠올린 것이다. 그래도 이런 과정이 반복되면 아이는 눈으로 직접 볼 수 없는 일의 순서도 예상해보는 습관을 갖게 된다.

여섯, 남의 입장을 이해

다른 사람들의 경험, 느낌, 반응을 미루어보아 타인의 입장에서 말하는 경험을 하게 한다.

"쟤는 엄마가 화내실 걸 겁내고 있어요."

"내가 저 아이의 놀잇감을 빼앗으면 쟤는 화가 나서 나를 때릴 거예요."

자신이 겪지 않은 것을 간접적으로 경험하는 기회를 갖는다.

"감옥에 잡혀가서 들어가 있으면 괴로울 거야."

일곱, 상상

어린이들은 상상으로 이야기할 때가 많다. 실제 일어날 가능성이 있는 것도 이야기하지만 완전히 환상에 근거해서 말하기도 한다. 사려 깊은 부모라면 아이들이 상상해서 이야기를 할 때에 일축해버리지 말고 그 이야기들이 제대로 합리성을 갖고 논리적이 되도록 도와주어야 할 것이다.

이와 같이 일곱 가지 말하기를 적절히 활용하여 일상 생활 속에서 계획적으로 어린이의 말하기 능력이 확장되도록 돕는 것이 좋다. 아이가 알고 있는 것과 관련지어가며 아이의 말에 반응하는 것이 현명하다. 질문을 하더라도 아이가 한 말을 잘 듣고 그 내용을 보충해서 다시 반문해주도록 하자.

"엄마, 어기(여기) 가자."

"여기가 어딘데?"

"코끼리 있는 데." (라고 단순히 대답을 하면)

"코끼리가 있는 곳은 '어린이대공원'도 있고 '서울대공원'도 있단다." (라고 정보를 준다.)

"서울대공원."

"코끼리를 보러 서울대공원에 가고 싶구나." (아이의 단순하고 짧막한 대답에 보충해서 이야기해주면, 아이가 무안을 당하지 않고 바르게 말할 줄 알게 된다.)

지겨운 책읽기

기어다닐 때부터 책이 있는 곳으로 가곤 하다가 유치원에 다닐 때쯤이면 책을 줄줄 읽어내리는 아이가 있는가 하면, 초등 학교에 들어가서도 한글을 깨우치지 못해서 부모의 애를 태우는 아이도 있다.

요즘 부모들은 누구나 자녀가 학교 가기 전에 글을 깨우쳐야 한다고 생각한다. 그래서 아이에게 학습지를 시키기도 하며 방문교사를 통해 배우게도 한다.

자녀에게 가장 알맞은 방법은 결국 부모 자신이 알아내야 하는 것이지만, '읽기의 첫 경험은 즐거워야 한다.'는 중요한 원칙이 있다. 만일 맨 처음에 주어지는 읽기 경험이 지겹고 싫은 것이었다면 아이들의 머리에는 '읽기 = 지겨운 것'이라는 등식이 만들어져 책을 피하려고 할 것이다.

초등 학교 3학년 남자아이가 문을 닫고 줄줄 읽었다고 한다. '저 녀석이 이젠 책에 흥미를 느꼈나보다'고 대견하게 생각한 아버지가 문을 열어보았더니, 누워서 입으로만 읽는 척하더라는 것이다. 책 읽는 소리를 좋아하는 부모에게 인정을 받고 싶지만 책이 두려운 것을 어찌할 것인가. 이 아빠는 매를 때리며 한글을 가르친 보람이 이뿐인가 하고 한탄하였다고 한다.

부모가 책을 읽는 모습을 보여주는 것이 가장 좋다. 아이가 재미있어할 만한 책을 가까이에 놔 두고 부모가 책을 읽으면, 아기도 부모를 흉내내 책을 거꾸로 들고서도 읽는 척한다. 책을 읽을 때 부모 자신이 편안하고 즐거운 태도를 보이면 아이는 저절로 '책 읽는 것은 좋은 일이구나!' 라는 인식을 가진다. 책을 읽는 도중 엄마 아빠가 웃기도 하고 재미있게 이야기를 나누는 것도 책과 아이를 연결시키는 분위기를 조성한다. 집 안에 책이 많은 것도 좋은 환경 요건이 될 수 있다. 연구에 의하면 집에 있는 책의 권수와 어린이의 지능 간에 상관성이 높았다고 한다.

아이와 함께 정기적으로 책방 나들이를 해보자. 아무리 집에 책이 많아도 자기가 직접 고른 책만큼 아이에게 의미를 주는 것은 없다. 책방 주인이 무어라고 하지 않는 한(대개 책방 주인들은 그런 일을 나무라지 않는다.) 아이가 보고 싶은 책을 마음껏 고르도록 충분한 시간을 주자. 어떤 때는 책을 너무 많이 사려고 해서 탈이지만 "오늘은 한 권(또는 두 권)만 사기로 하고 다음에 또 사도록 하자."라고 제한을 주어, 하고 싶은 일을 한꺼번에 다 할 수 없다는 것을 인식하게 하면 된다.

한 가지 덧붙여서 기억해야 할 일은 단지 책읽기만을 가르치는 일은 효율성이 없다. 일반적으로 다른 발달도 잘 되도록 하면서 읽기나 쓰기를 가르쳐야 한다.

마음으로 읽는 도둑놈

한 배에서 한 시에 태어난 쌍둥이도 경험하고 느끼는 것은 다 다르다. 그런데도 누구에게나 똑같은 국어 책을 들이민다면 얼마나 지겹겠는가?

시작은 언제나 아이 자신이다. 현재 그 아이의 상황에서, 그 아이가 알고 있는 것에서 시작한다. 굶주림을 경험한 어린이들에게는 '비행기', '태극기', '푸른 하늘' 보다 '고기', '과자', '배고픔', '밥' 이 얼른 와 닿을 것이고, 농촌에 사는 아이들에게는 '논', '벼', '경운기', '배추' 라는 말이, 도시의 아이들에게는 '빌딩', '전철', '신호등' 이 효과적이다.

어린이 자신의 경험과 밀접한 관계를 갖고 있는 것에서 시작하는 방법을 '마음으로 읽기' 또는 '몸으로 읽기' 라고 부른다. 자신의 몸이나 마음과 뗄 수 없는 가장 의미 있는 것을 글자로 읽고 쓰게 한다는 뜻이다.

대문호 톨스토이가 농민학교를 세우고 농민의 자녀들에게 글을 가르칠 때나, 뉴질랜드의 헌신적인 여교사 애슈턴 워너가 원주민 아이들에게 글을 가르칠 때 이 방법을 사용했다. 유네스코의 전문가들이 원주민들에게 읽기를 소개할 때 이런 방법을 썼더니 가장 효과가 컸다고 한다.

방법은 간단하다. 문구점에서 색도화지를 색색으로 준비해서 8등분을 하면 대략 가로 18센티, 세로 7센티의 읽기카드가 만들어진다. 매일 어린이와 10분 정도씩 읽기 카드를 만들며, 대화를 자연스럽게 유도하면 된다.

"자, 우리 읽기 카드 만들어보자."

"네가 궁금해하는 글자를 써줄게. 무슨 말이든 괜찮아."

부모가 초조하게 기다리는 모습을 보이거나 힌트를 주면 안 된다. 어른의 초조함이 전이되어 어린이도 초조해지기 때문이다. "욕이나 상소리는 안 돼." 라며 단서를 붙여도 안 된다. 욕이나 상소리도 실은 아이의 마음에 갈등과 의혹을 일으키는 가장 알고 싶은 글자일 수 있기 때문이다. 도리어 욕이나 상소리를 겉으로 드러내어 적어보면 정서적 정화 작용이 생겨 부모들이 보지 않는 곳에서 상소리를 쓰고 싶은 충동이 줄어든다.

우리 집 아이가 처음 주문한 단어는 '도둑놈'과 '개새끼'였다. '유아 교육을 전공하는 교수의 아이가 꽤나 세련된 어휘를 적어달라는군.' 하는 생각을 하면서 왜 아이가 그런 말을 써달라고 했을까 궁리해보았다. 그랬더니 그것은 바로 내 책임이었다. 당시 우리 동네에는 도둑이 들끓었다. 어제는 이 집, 그제는 저 집에 도둑이 들곤 하였기 때문에 동네 아낙들은 골목에서 서로 만나기만 하면 '도둑놈' 이야기였고 '개새끼'라고 욕도 했다.

그래서 나는 아이를 탓하지 않기로 했다.

"그러자. 그럼 어느 카드에 써줄까? 분홍색? 파란색?"

"파란색!"

아이는 신이 나서 대답했다. 나는 파란색 카드에 '도둑놈'과 '개새끼'를 써주었다.

아이는 이후로도 꽤 오랫동안 이 두 단어에 몰두하더니, 차츰 다른 단어들로 옮겨갔다. 새로운 단어들도 가만히 관찰해보니 텔레비전 프로그램 중 인기가 많았던 '은하철도 999' 라든지 '프란다스의 개' 와 같은 것이었다.

가끔 철자를 틀리게 발음하며 써달라고 하는 때가 있다. 우리 집 막내는 '하눌님' 을 써달라고 하였다. 잘못 알아서 그런 건가 싶어 "하나님이라고 쓸까?" 하였더니 "아니요, 하눌님이라고 써주세요." 하는 것이었다. 나중에 그 읽기 카드에 쓰인 글자를 읽어가는 중에 '하눌님' 카드에 쓰인 글자를 한 글자씩 짚으며 읽게 하였더니 '하' '눌' '님' 이라고 똑똑히 발음하는 것이었다.

욕이기는 하지만 '개새끼' 는 개, 새, 토끼를 배우는 밑거름이 되었고 '하눌님' 은 하늘색, 누르다, 선생님을 배우는 바탕이 되었다. 나중에는 '파란 하늘색 바다', '은빛 바다' 로 연결이 되었다.

앞서 살펴본 애슈턴 워너 선생은 '내적 견해와 외적 견해' 중에서 내적인 것이 더 명료하고 밝고 의미 있다는 것을 간파했다. 그래서 교과서를 집어치우고 만 다섯 살 난 마오리족 어린이들과 함께 읽기카드를 만들기 시작했다.

마오리족 아이들에게서는 '성性, 싸움, 공포' 와 같은 본능적인 어휘들과 '산불, 폭풍, 강물' 과 같이 자연과 관련된 어휘들이 많이 나왔다. 이러한 어휘야말로 마오리족 아이들에게는 생활 그 자체였고 진지한 의미가 있었기 때문이다.

읽기카드는 만 5세 전후에 시작하면 무난하다. 아이의 발달 속도와 흥미 수준을 고려하여 어휘를 확장시켜주자. 딸아이 셋이 모두 초등 학교에 입학하기 전에 한글을 깨우친 것도 이 방법 덕분이었다.

무엇을 배워가는 데 중요한 도구가 되는 한글을 행복하고 즐거운 마음으로 배우도록 도울 수 있는 사람은 부모뿐이다. 방문교사에게 떠맡긴다든지, 유치원이나 초등 학교에 가면 터득할 거라고 미루는 것은 부모로서의 책임을 회피하는 것이다. 즐겁고 행복하게, 부담 없이 부모와 상호 작용하는 동안에 한글을 깨우치도록 할 수 있다.

어떤 어머니는 이렇게 하는 것이 귀찮아서 문구점에서 팔고 있는 낱말카드를 사용하였다고 한다. 하루에 5~10분 정도 직접 써주는 애정을 보이는 일이 그렇게 힘들었을까? 아이가 현재 관심을 보이는 낱말이 아니라면 읽기카드 방법도 별 소용이 없다.

유치원에서 이런 방법으로 만든 '포도', '감'과 같은 읽기카드를 집으로 보냈더니 엄마가 아이에게 공책에 백 번씩 쓰게 했다고 한다. 그 다음부터 아이는 궁금한 말이 있어도 써달라고 하지 않고, 읽기카드 만들기를 싫어하게 되었다고 한다. 집에 가면 엄마가 백 번씩 쓰게 할 것이 뻔하니까.

지나친 것은 모자라는 것보다 못하다. 모든 활동은 아이가 즐거운 마음으로 받아들일 때 효과가 있다.

읽기카드 게임

매일 10분씩 아이와 읽기카드를 만들면 하루에 두 장씩 만든다고 해도 일 주일이면 열네 장이나 된다. 이 읽기카드를 아이의 물건을 넣어 두는 곳에 간직하게 하였다가 전부 꺼내다가 펼쳐 놓는다.

"유진아, 엄마랑 재미있는 게임 해볼까? 엄마가 낱말을 부르면 넌 그걸 집어내는 거야."

경험해보니 아이들은 낱말을 너무나도 잘 집어냈다. 자기가 아주 궁금해하던 글자나 의미 있는 낱말들이기에 그런 것 같았다. 골라내지 못할 때에는 집어주지 말고 "그럼 나중에 찾기로 하고 다른 걸 찾자."고 말한다. 아이는 자존심을 다치지 않으면서 글자를 인식하는 능력을 기를 수 있다.

한 동네에 읽기카드를 만드는 가정이 여럿 있다면 일 주일에 한 번씩 서로 모여서 게임을 할 수도 있다. 아이의 개성이 다르고 가정의 배경이나 경험이 다르기 때문에, 색다른 단어는 서로에게 좋은 자극이 된다. 낱말을 부르는 어른이 양쪽 집 아이의 카드가 번갈아 나올 수 있도록 배려하기만 하면 아이들은 즐겁게 게임을 한다. '마음으로 읽기' 교수 방법을 쓰는 유치원에서 이 방법으로 어린이들의 읽기 능력을 크게 향상시켰다는 연구 보고가 있다.

'다른 집 아이의 낱말은 우리 아이가 모르는데 어떻게 하나?'

걱정할 필요 없다. 다른 아이 것은 그 아이가 쉽게 찾을 것이고, 그 카드를 친구가 집어갈 때 우리 아이는 그 글자와 어른이 부르는 낱말의 이름을 연관시키고, 글자의 모양 전체를 상(像)으로 보기 때문에 좋은 교육이 된다. 낱말들의 글자 모양을 '영상화' 하는 것이다.

자음, 모음을 가르쳐준 후에 이를 조합하여 '가갸거겨' 식으로 가르치는 '알파벳 방식' 보다, 전체 글자를 한 덩어리로 영상화하는 방법이 더 효율적이라고 주장하는 학자들이 있다. 그 학설에는 일리가 있다. 초등 학교에 들어가기 이전의 아이들은 부분적인 것보다는 전체적인 것을 쉽게 파악하고, 분석적이기보다는 영감적인 발달 특징을 갖고 있기 때문이다.

어른들은 다를 수 있다. 한국어를 배우려는 외국인 어른은 ㄱㄴㄷ, ㅏㅑㅓㅕ 등을 가르쳐준 후에 합리적으로 설명하면 더 쉽게 배운다. 어른들은 분석적이그 체계적으로 배우는 것이 더 쉽기 때문이다.

한두 글자만 알아도 어림짐작으로 친구의 읽기카드를 집는 경우가 있다. '토하다', '개새끼' 를 써달라고 한 아이가 친구의 카드 중에서 '산토끼' 를 짐작하여 집을 수 있다.

이때 친구가 자기 카드라며 떼를 부릴 수도 있다. 이런 경우를 대비해서 게임 시작 전에 "이건 게임이니까 친구 것을 서로 가져도 되는 거야. 게임이 끝난 후에는 서로 자기 것을 다시 갖게 되니까 걱정할 필요 없단다." 라고 미리 알려주면 간단한 규칙을 지키는 법도 함께 배울 수 있을 것이다.

읽기카드의 수가 많아지면 보름, 또는 한 달 단위로 묶어서 낱말책으로 만들어주고 새 카드로 게임을 한다. 카드 만들기와 카드 게임을 계속하는 동안 아이는 반복해서 보는 글자들을 완전히 습득하게 되고, 그 다음에는 이 글자들이 들어 있는 새로운 낱말들을 하나씩 하나씩 쉽게 익혀 나가게 된다.

읽기카드는 아이가 세상으로 건너가는 튼튼한 징검다리가 될 수 있다. 아이의 흥미에서 시작된 단어를 어른들의 지식 세계로 확장할 수 있기 때문이다. 아이가 좋아하는 것만 끄적거려주다가 말면 도리어 건전한 성장 및 발달에 크게 손해를 끼치게 될 것이다. 아이가 자기의 생각과 느낌을 글로 나타낼 수 있다는 것을 깨닫고, 글자는 글자로 끝나는 것이 아니라 무언가 흥미 있는 것이 담겨져 있다는 생각을 갖도록 이끌어주는 것이 가장 중요하다.

'글 배우기'만이 목적이라면 '모로 가도 서울만 가면 된다'는 속담처럼 크게 신경 쓸 필요가 없다. 매를 맞으며 배울 수도 있고, 혼자 놔 두어도 어깨너머로 깨우치기도 하며, 친구에게 얼렁뚱땅 배우는 경우도 있겠다. 그러나 분명한 것은 행복하고 즐거운 마음으로 글자를 처음 깨우치게 된 아이들은 부담 없이 새로운 지식을 습득해 나간다는 것이다.

영국에서 두 돌부터 책읽기를 도입할 수 있을지 체계적으로 연구한 적이 있다. 영국 셰필드 대학교의 유아 교육 분야 교수 하논Hannon 박사가 처음 실시한 것으로, 우리 나라에서는 1984년 중앙대학교 부속유치원에서 시험해보았다. 유향선,「부모 참여의 정도가 어린이의 초기 읽기 능력 증진에 미치는 영향」

우선, 중앙대학교 사범대학 부속유치원에 다니고 있는 유아 160명 모두에게 읽기 준비도 검사를 실시하였다. 문교부(현 교육인적자원부) 유치원 교육과정 자료집에 수록된 어휘들을 바탕으로 읽기카드 160개를 만들었다. 이 카드를 아이들 한 명 한 명에게 보여준 후 10% 이하(160개 중 16개 이하)밖에 맞추지 못한 아이 71명을 읽기 프로그램에 참여시키기로 하고, 어머니들에게

통신문을 보내어 참여 의사를 물었다. 49명의 어머니가 동의했다.

3개월간 프로그램을 실시한 결과 어머니가 참여한 집단 아이들의 읽기 능력이 그렇지 않은 아이들보다 상대적으로 훨씬 증진되었다. 검증 결과 프로그램에 참여했던 아이들이 성취한 읽기 능력은 우연히 일어난 것이 아니라 이 프로그램에 참여했기 때문이라는 것이 밝혀졌다.

자기가 알고 싶은 글자를 써보고 게임을 하며 눈으로 익힌 경험이 읽기 능력을 증진시킨 것이다.

현재 우리 나라 유치원에서는 이 원리를 이용하여 '총체적 언어 프로그램', 유아의 언어 발달에 적합한 프로그램' 이라는 이름으로 사용하고 있다. 우리 나라에 태어나 성장하는 아이라면 누구나 이 혜택을 받아야 할 것이다.

한글과 아이의 행복한 만남을 위하여

그림의 부호가 무슨 뜻인지 말해보자. 당황스럽지 않은가? 느낌이 어떠한가? 그리 편안한 느낌은 아닐 것이다. 생전 보지도, 듣지도 못했던 부호를 대하니 당혹감이 들 것이다.

처음 한글을 대하는 우리 아이들의 느낌이 바로 이러할 것이다. 우리에게는 한글이 너무나 쉽지만 아이들에게는 매우 어려워보이고, 잘해낼 수 없을 것 같은 불안감마저 들게 만드는 것이다.

"쉬운데 왜 못해?"

"아무래도 머리가 나쁜가 봐."

"옆집에 ○○ 봐라, 걔는 한글을 술술 읽잖아."

"넌 바보야."

당혹감, 혼돈 때문에 어쩔 줄 몰라 하는 아이에게 비난의 말까지 퍼붓는다면 아이들이 정녕 즐겁고 기쁘게 한글을 배울 수 있을까? 한글을 처음 대할 때 아이들은 혼돈을 느끼며 때에 따라서는 자신없어 한다. 이것을 이해하는 것이 읽기 지도의 첫걸음이다. 새로운 외국어를 대할 때 우리가 느끼는 무기력함과 한글을 새로 배우는 아이의 마음이 같다는 것을 이해하는 것이 중요하다는 뜻이다.

내가 책을 읽고 글을 쓰다가 옆에서 놀고 있던 만 네 살된 다영이에게 "힘

ㄱ = 8   ㅏ = ㄱ

ㄴ = ㄷ   ㅗ = ○

ㄷ = ▽   ㅛ = ∪

ㄹ = 숟   ㅡ = ㅐ

ㅅ = ≋   ㅣ = J

ㅇ = ⊃   ㅐ = Ф

ㅈ = ⊠   ? = AA

ㅊ = し

ㅎ = ㄹ

해답〉 당신은 책 읽기를 좋아하시나요?

들어." 하고 말하였다. 한글을 읽고 쓰고 싶은 욕구가 있지만, 마음대로 안 되어 애를 쓰는 손녀에게 포기하지 말고 계속 노력하라는 뜻으로 한 이야기였다. 아니나다를까, 다영이는 "할머니, 나도 힘들어." 하고 말했다. 나는 "힘들어도 열심히 해야 할 때가 있어." 하며 다시 하던 공부를 계속했다. 다영이도 연필로 무언가 끄적이던 종이를 집어 들고 열심히 놀기 시작했다.

책의 난이도를 결정하여 시기에 맞게 읽힌다

연령이 어릴수록 그림이 한 페이지 전체를 차지하고, 글은 '사과', '기차' 등 한 단어로 쓰여 있는 책을 택한다. 만 두 돌 정도의 아기에게는 하루에 5~7분 정도 어떤 그림이 그려져 있는지 이야기하는 정도로 족하다. 절대로 글자를 가르쳐서는 안 되고 그림과 단어를 소리로 연결해주기만 하면 된다.

"여기 무엇이 있나보자. 기차구나, 기차."

"다음 페이지에는 무엇이 그려져 있을까? 사과가 그려져 있네. 사과."

단어를 입으로 말할 때 '사' '과' '기' '차' 하며 한 자씩 짚어준다. 아기는 '글자는 하나씩 또박또박 읽는 것'이라고 생각하게 된다. 예민하고 성장이 빠른 시기여서 터득도 빠르다. 꼭 상품화된 책이어야 하는 것은 아니다. 헌 잡지에서 사진이나 그림을 오려 붙이고 직접 글자를 써넣어도 훌륭한 책이 된다. 아기가 세 살이 될 때까지 이런 식으로 책읽기를 시도한다.

만 세 돌, 네 돌이 되면 책의 내용도 한 차원 높아지게 된다. 이제는 한 페이지에 3~4개의 낱말로 구성된 문장이 있는 것을 택한다. 더 발전하면 3~5

문장 정도로 설명이 붙은 그림책을 택한다. 주제는 또래 이야기, 동물, 가족, 시장, 소방서 등 아이들이 쉽게 볼 수 있는 것과 관심을 갖는 것이 좋다.

단계를 넘어갈 때마다 책방에 아이와 함께 가서 책을 선택하면 좋다. 아이의 발달 수준과 흥미에 따라 한 단계를 서너 달에 넘어가는 아이도 있고, 어떤 아이는 일 년 이상 걸리기도 할 것이다.

중앙대학교 부속유치원 원아들의 경우처럼, 유치원 올 때까지 이런 읽기 단계를 경험하지 못했지만 읽기를 중점적으로 하기 위해 3개월 동안 '한 단어만 쓰인 그림책', '한 문장이 2~3단어로 구성된 그림책', '한 문장이 3~4단어로 구성되었고 문장의 수도 4~5개로 늘어난 그림책', '그림의 비율이 적고 글이 많은 책'들을 어머니와 단계적으로 상호 작용하면서 글을 깨우치게 하는 방법도 있다.

책읽기 시간을 이렇게 만들어주자

✓ 행복하고 편안한 분위기를 만들자. 이것은 아주 중요하다.

✓ 되도록이면 아이를 부모 가까이에 앉히자. 두 살 정도면 무릎에 앉히는 것이 좋다.

✓ 처음에는 그림에 대해서 이야기를 나누자. 그림에 대한 아이의 생각을 보다 많이 듣는다.

✓ 새로 나오는 단어들은 가볍게 강조하자. 이때 새로운 글자들을 손가락으로 짚으면서 지나간다.

✓ 아이가 읽을 수 있다고 판단되면 "아빠에게 책을 읽어주겠니?" 하면서

기회를 주자. 이때 시간은 충분히 주도록 한다.

✓ 아이가 모르는 글자가 나오면 글자를 귀띔해주어 어려움을 해결해준다. 예컨대 '삼보는 울었습니다.' 라는 문장 중 '었' 자를 몰라서 아이가 쩔쩔맨다면 옆에서 "었" 하고 살짝 귀띔해준다. 그러면 아이는 흐름을 깨뜨리지 않고 연결해서 읽는다. 그 글자가 들어 있는 문장을 반복해서 읽어주고 아이도 다시 한 번 그 문장을 읽게 한다.

✓ 다시 그림에 대해 이야기를 나누면서 지금 읽은 내용과 어떤 관계가 있는지 이야기하자.

✓ 아이의 노력을 많이 칭찬해주자.

백 번 해도 소용 없는 책읽기

✓ 안 하면 선생님에게 이른다는 식의 위협은 좋지 않다. "너 이러면 네 친구 ○○보다 못하게 돼."라는 비교도 금물.

✓ 부모의 걱정은 아이에게 전달되어 아이를 불안하게 만든다. 그러니 아이가 별로 흥미를 보이지 않는다면 차분하게 유치원 선생님이나 유아교육 전문가에게 도움을 청해서 방법을 강구하는 편이 낫다.

✓ 아이가 보는 앞에서 '성취 정도'를 기록하지 않는다. 아이에게 수고했다고 돈, 먹을 것, 놀잇감을 주는 것도 피해야 한다. 읽는 것은 엄마를 위한 것이 아니고 자신을 위한 일이니까.

✓ 글자를 전혀 모르는 아이에게 처음 글자를 깨우쳐줄 때는 하루에 한 번, 시간은 10~15분을 넘지 않도록 한다. 너무 욕심을 부리면 아이가 질릴 수 있다.

낙서인가, 글자인가

읽을 수 있게 되면, 이제 아이들은 스스로 써보고 싶어한다.

'도둑놈', '개새끼'라는 두 낱말은 '우리 동네에는 도둑놈이 많이 온다', '동네 아주머니들이 개새끼라고 욕을 한다'라는 문장으로 쓰여질 수 있다. 처음에는 두 단어만 합해진 문장, 나중에는 두 문장 정도, 더 나아가서는 반 페이지쯤 차게 쓰다가, 초등학교 저학년이 되면 한 페이지 정도로 쓸 수 있게 된다.

국어 시간에 억지로 쓰게 하는 작문과는 다르다. 한 가지 제목에 맞추어 무언가를 써내야 했던 초등 학교 시절을 기억할 것이다. 느닷없이 '자연 보호'라는 제목으로 글을 쓰려니 '아침에 학교에 왔다. 자연 보호를 하러 갔다. 쓰레기를 줍고 학교에 돌아왔다.'라는 말 이외에는 떠오르지 않던 답답함.

그러나 가장 의미 있는 낱말이나 경험들을 글로 쓰게 도와주면, 쓰는 일을 즐겁게 여길 것이다. 대여섯 살 아이들이 그림을 그릴 때 이 그림에 맞추어 자신의 생각을 쓰게 하는 것도 좋은 일이다.

친척이나 친지로부터 선물을 받았을 때 감사 편지를 쓰게 하는 것도 좋은 방법이다. 아이가 모르는 글자를 가르쳐주고, 맞춤법이 틀렸을 때 잔소리를 덧붙이지 않고 자상하게 가르쳐준다면 아이들의 쓰기 능력은 쉽게 증진될 수 있다. 어린아이가 '엄무'라고 썼을 때 "'무'자의 'ㅜ'가 뱅글 돌아 'ㅁ'옆에 붙어야 '마'가 된단다. '엄마'라고 말이야."라고 이야기를 해준다면, 어린아이는 느낌이나 생각을 글로 표현하는 것도 배우고 글자를 바르게 쓰는 것도 배우게 될 것이다.

경우에 따라서 아이들이 '엄마가 미워요.', '아빠를 때리고 싶어요.', '유치원에 가기 싫어요.'라는 부정적인 글을 쓸 수도 있을 것이다. 그러나 그렇다고 나무라거나 비방해서는 안 된다. 글이란 마음에 있는 것을 쓸 때 가장 자연스러운 것이며, 마음의 느낌이나 생각을 표현할 수 있을 때에만 제 구실을 하기 때문이다.

아이가 무엇을 말했느냐가 중요한 것이 아니라 무엇인가 말할 수 있는 자유를 갖고 있다는 사실이 더 중요하다. 말할 수 있는 자유, 이를 글로 표현할 수 있는 자유를 갖게 되면 아이들은 '무얼 말해야 할까?'를 생각해보고 마음의 눈을 뜬다.

2004년 현재 만 5세인 다영이는 자신의 이름을 바르게 쓸 줄 아는 데 거의 일 년이 걸렸다. '신다영'의 '신'자를 도무지 인식하지 못했다. '다영'은 가끔 '🐚'으로 쓸 때도 있었지만 점차 제대로 쓰게 되었다. 그러나 '신'자는 '𝒷'으로 써서 마치 'ㅂ'을 비스듬하게 쓴 것처럼 보이게 써 놓고 속상해하곤 했다. 자신이 그린 그림에 이름을 쓸 때도 "할머니가 써줘." 할 때가 많았다. 그 사이 아이는 '영'자를 옆으로 놓아 '용'을 쓰기도 했고, 받침이 없는 엄마의 이름 '이유미'를 완벽하게 썼으며 남동생 '준기' 이름의 '기'자를 눈으로 익혀 놓았다가 쓰기도 했다. 아는 글자를 가지고 이렇게 저렇게 응용하며 놀도록 내버려 두었더니 하루는 종이 가득 글자를 창안해서 써 놓고 "할머니, 읽어봐요." 하였다. 글자가 되는 것은 "여", "영" 등 읽어주고, 글자가 안 되는 것은 "이건 글자가 아직 아니야."라고 말해주었다.

그렇게 일 년이 지난 어느 날 스스로 '신' 자의 모양을 터득하고 제대로 쓸 수 있게 되었다. 너무나 당당하고 자신감 넘치는 태도로 '신다영'을 쓰는 모습에서 미래 자신의 삶을 멋지게 계획하고 노력할 태도가 엿보였다. 역시 유아 교육의 진수는 인내심이다.

2003년 12월

2004년 3월

다영이가 「신다영」을 쓰기까지는 줄긋기 단계부터 시작하여 1년이 넘게 걸렸다. 아이가 자음, 모음을 제대로 쓰지 못한다고 붙잡고 가르치는 것이 아니라 스스로 해내도록 격려하면서 기다리는 부모가 현명하다.

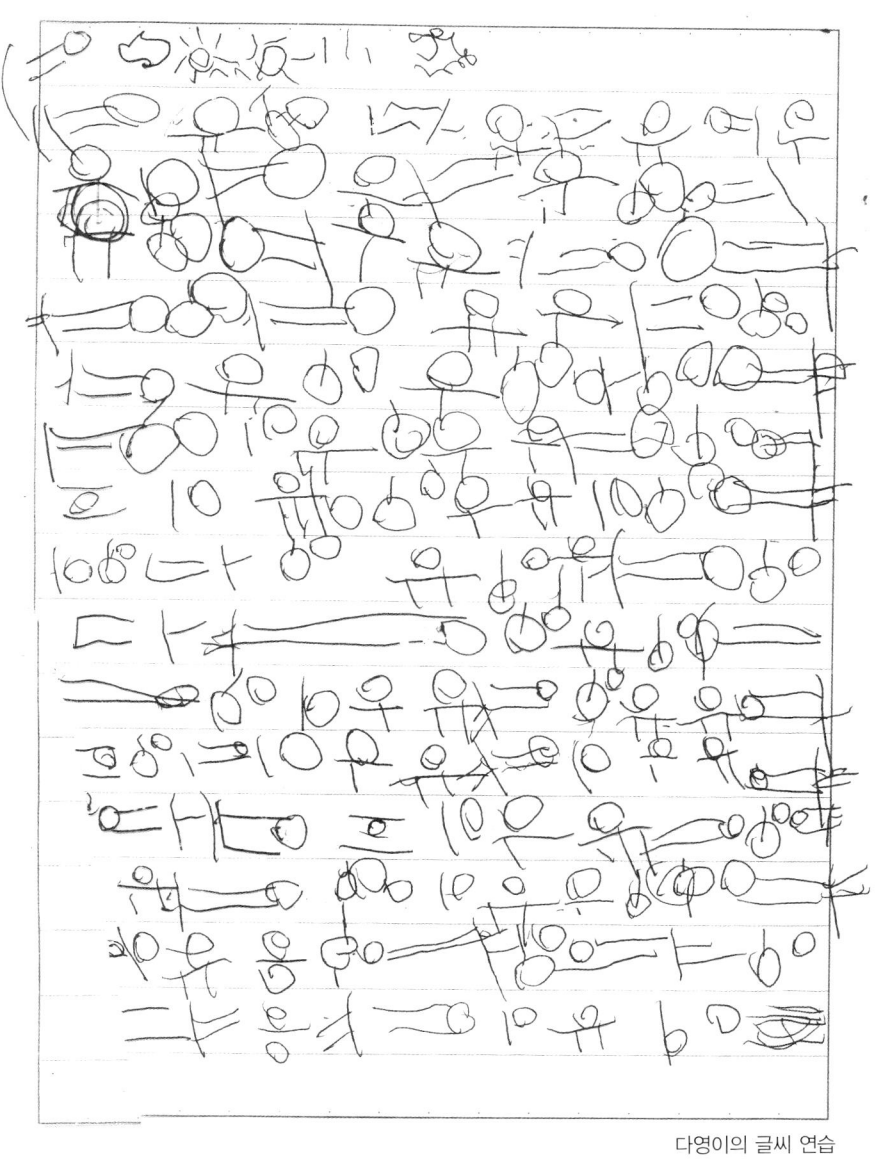

다영이의 글씨 연습

나쁜 감정은 반드시 해소되어야 한다. 나쁜 감정을 건설적인 방법으로 표현하도록 돕는 것이
성공의 비결이다. 못하게만 하는 것은 행동을 좋은 방향으로 바꾸는 데에 조금도 도움이 되지 않는다.
아이들이 나쁜 감정을 사회적으로 용납되는 방법으로 발산하도록 도와줄 때에만
아이의 좋은 버릇은 길러진다.

4

여든 살까지 갈 좋은 버릇들이기

나쁜 감정이 밖으로 튀어나와야 좋은 감정이 싹튼다

만능 해결책은 없다

'세 살 버릇 여든까지 간다.'

자녀가 귀여울수록 부모들이 무겁게 새겨들을 속담이다. 모든 부모는 아이에게 좋은 습관을 길러주기 위해 고심한다. 때리거나 야단치는 일 없이 아이의 생활 태도가 반듯하다면 참 좋을 것이다.

그렇지만 아이들과 생활하다보면 매번 부모가 경악하도록 말썽을 피우는 일이 생긴다. 크면 괜찮아질 거라고? 천만에. 갓난아기는 아기대로, 청소년은 청소년대로, 대학생은 대학생대로 기상천외한 문젯거리를 만들어낸다.

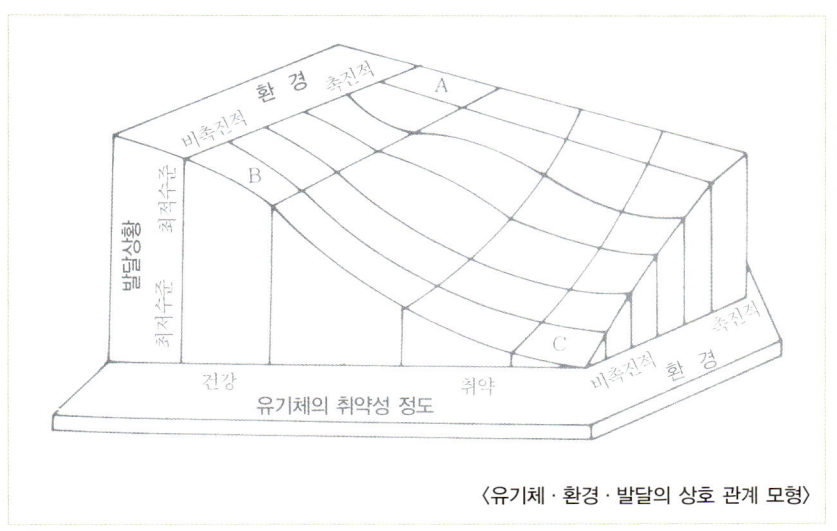

〈유기체 · 환경 · 발달의 상호 관계 모형〉

그림에서 B와 C를 비교해보자. 똑같이 환경이 좋지 않은데도 두 아이의 발달은 아주 다르다. 환경에 대처하는 아이들의 능력이 다르기 때문에 발달 상황도 달라진 것이다.

B는 무엇이든 긍정적으로 생각하려고 노력하는 반면, C는 쉽게 상처 받고 마음을 다친다. B는 환경도 좋고 타고난 기질도 건강한 A만큼 발달하지는 못했지만 C보다는 훨씬 바람직하게 발달하고 있다.

똑같은 부모 슬하에서도, 부모의 행동이나 말에 의해 쉽게 상처 받는 자녀가 있는가 하면 덤덤히 넘겨버리는 자녀가 있는 것은, 태어날 때부터 사람의 기질이 다르기 때문이다. 최근 정신의학과 의사들은 '아기의 10%는 키우기 몹시 어려운 기질을 갖고 태어나고, 40%는 무난하여 양육이 쉬운 편이며, 50%는 이 두 유형을 섞어 놓은 것 같다'고 말한다.

또한 아이의 버릇은 성격뿐만이 아니라 나이에 따라서도 각각 다르게 다루어져야 한다. 두 살 아기를 찻길에서 놀지 않게 가르치는 방법과 열두 살 초등학생에게 숙제를 잘 하도록 가르치는 방법은 분명히 다르다.

아이만 문제 삼아서는 안 되며 부모 자신도 자신의 태도를 되돌아보고 잘못된 양육 태도가 있다면 바꾸어야 한다.

"우리 집에선 한 애는 멍이 시퍼렇게 들도록 매를 들어도 눈 하나 깜짝하지 않는데, 다른 애는 목소리만 높여도 눈물이 글썽글썽해져요."

"아빠 말은 절대 안 듣는데, 똑같은 말도 내가 하면 잘 들어요."

다행히 도움이 되는 기본 원칙들이 몇 가지 있다. 이 원칙들을 적용하면 매를 들지 않고도 아이들에게 좋은 버릇을 들이는 데 도움이 될 것이다.

슬프고 무섭고 화나면 말썽을 피워요

집에 있는 책상이 흔들거릴 때 "왜 흔들리느냐?"고 화를 낼 사람은 없을 것이다. "왜 이럴까?" 하고 원인을 알아내서 고치려 한다. 아이들이 말썽꾸러기 행동을 할 때도 마찬가지다.

　왜 우리 아이는 꼭 반대로만 하려 할까?

　왜 늘 심통만 부리고 떼를 쓸까?

　왜 저 애는 딴청만 피울까?

　왜 밤에 오줌을 싸고 버럭 화를 내며 불러도 오지 않을까?

　왜 나이가 들어서도 허풍쟁이, 뽐내기쟁이 버릇이 남아 있을까?

　왜 늘 투정부리는 말투를 쓸까?

　나쁜 행동은 나쁜 감정이 원인이다. 어른들도 마음이 편치 않을 때는 행동이 정상적으로 나오지 않는 것과 꼭 같다. 특히나 아이들은 마음에 나쁜 감정이 없으면 나쁜 행동을 하지 않는다. 부모들이 반드시 알아야 할 사실이다.

　속상할 때는 걸음걸이도 다르다. 속상할 때의 걸음은 축 처져 있다. 즐거울 때는 발걸음이 날아갈 듯 가벼워서 사뿐사뿐 걷게 된다. 심술궂게 행동하거나, 괜히 반발을 하거나, 소리를 지르거나, 문을 쾅 닫거나, 사람들과 어울려 이야기를 하지 않고 구석에 가만히 틀어박혀 있을 때는 반드시 세 가지 감정 중의 하나가 마음 속에 들어 있음을 의미한다. 바로 '슬픔', '분노', '공포'.

"아이, 속상해!"

"정말 화가 나 못 견디겠어!"

"겁이 나. 무서워."

소외당했을 때를 생각해보자. 사람들이 자기를 무시하거나 모르는 척할 때 느껴지는 소외감. 마음이 쓰리고 속상하다(슬픔). 조금 지나면 분한 마음이 울컥 치밀지만(분노), 곧 두려움으로 변하면서 목을 콱 누르는 듯한 소심증이 인다(공포). 꼬리를 물고 일어나는 이러한 생각들 때문에 우리의 행동은 어색해지거나 공격적이 된다.

'저 사람들이 나를 좋아하지 않나봐. 어유 속상해.'

'도대체 왜 그러지? 좀더 친절해도 좋을 텐데. 흥, 나도 네가 싫어. 별로 신통치도 않으면서.'

'내가 다시 오는 걸 싫어할 거야. 내가 지금 무얼 생각하는지 꿰뚫어볼지 몰라. 내가 나간 다음에 내 얘기를 할지도 모르잖아. 어쩌지?'

이러한 슬픔, 분노, 공포의 느낌은 사람들의 행동을 더 나쁘게 한다. 그러므로 아이가 심술궂고 반발심이 강하며 성질이 고약해질 때는, 이런 감정에 빠져 있지 않은지 잘 살펴보아야 한다. 우리는 10대 아이들이 다음과 같이 말하는 것을 자주 듣는다.

"가끔 속상한 것이 쌓이고 뒤엉켜서 도대체 어떻게 해야 할지조차 모를 때가 있어요. 참고 참다가 결국은 폭발하고 마는걸요."

두 살 난 다영이는 엄마가 아침 일찍 출근해버리니 섭섭한 생각을 할 때가 많았다. 심통을 부리고 떼를 쓸 때마다 내가 "다영아, 엄마가 집에서 함께 놀

아주지 않아 속상해? 섭섭해?" 하고 묻곤 하였다. 말로 표현하지는 못했지만 가슴을 파고드는 것으로 보아 '속상해', '섭섭해'의 의미는 파악하는 것 같았다. 그러던 아이가 네 살이 되자 남동생의 등을 두드리며 "준기가 엄마 없어서 속상해?" 하고 말하였다. 말 못 하는 아기더라도 마음을 읽어주고 이해해주어 나쁜 감정이 쌓이지 않게 해주는 것은 이렇게 중요하다.

열두 살 여자아이의 어머니가 말했다.

"너는 애가 왜 그렇게 지저분하니? 그러니 친구들이 널 좋아하겠니?"

어머니가 던진 말은 소녀의 마음을 슬프게 만들었다. 친구들과 사귀는 것이 두려워졌다. 자신이 없어졌다. 그러고 보니 외모도 걱정이다. 어떤 부분은 너무 살이 찐 것 같고, 어떤 부분은 너무 홀쭉하여 볼품이 없어보인다.

'아마 여자아이들은 물론 남자애들도 나를 좋아하지 않을 거야.'

조금 지나자 엄마에 대한 분노가 마음 속에서 일어났다.

'그럼 엄마는 내가 외톨이인 게 다 내 잘못이라는 거야? 아이 속상해, 엄마를 차버렸으면 속이 시원하겠다.'

아이가 그런 마음인데 어머니가 "애, 설거지 좀 해라."라고 하면 고분고분 말을 들을까? "왜 내가 해야 돼요?"라고 퉁명스럽게 반항할 것이 틀림없다. 엄마는 "저런, 그렇게 자기만 알아서 되겠니?"라고 야단치고, 시끄러운 말다툼에 성질이 급한 아빠는 딸아이에게 소리를 지르거나 때릴지도 모른다.

나쁜 감정은 차곡차곡 쌓인다

마음 속에 속상함이 꿈틀거리면 반드시 조만간 터져나와 우리를 괴롭힌다. 나쁜 느낌들이 제때 해소되지 못하고 오랜 세월 동안 마음 속에 쌓이면, 어른도 그렇지만 특히 아이들은 자기 마음을 다룰 수 없게 된다.

'속상해, 아무도 나를 정말로 사랑해주지 않는걸. 항상 심술궂은 생각만 떠올라. 그렇지 않으면 이 허전한 마음을 무엇으로 채워야 할지 모르겠어.'

시간이 흐를수록 그 느낌의 원인을 파헤치기란 더 어려워진다. 자연히 없어지면 다행이지만, 만일 이 나쁜 느낌들이 성장한 다음에도 쌓여 있다면 그 아이는 다른 문제들을 일으킬 가능성이 높아진다.

2000년 5월, 이모 군은 부모로부터 받은 학대와 커서도 지속적으로 받은 모욕을 견디지 못하고 부모를 살해했다. 이모 군은 잠든 어머니를 때려죽인 후 '잘못했다', '죄를 지었다'는 생각보다 '죽을 사람이 죽었다. 그런데 아버지에게 야단맞으면 어떻게 하지?' 하는 두려움 때문에 아버지마저 죽였다고 했다.

어른들도 나쁜 감정을 갖고 있다. 지금은 세 아이의 아버지가 된 분이 이렇게 회고한다.

"어렸을 때 부모님이 나를 이해해주지 않는다고 생각할 때마다 멀리 달아나고 싶었습니다. 지금도 마찬가지예요. 아내가 한참 바가지를 긁으면, 왜 나만 갖고 야단이냐는 생각이 들고 나를 이해해주지 않는다고 투덜거리게 됩니다. 달아나고 싶은 생각이 들어요. 그런데 이런 소외감과 이해받지 못한다는 느낌은 어렸을 때부터 나를 괴롭히던 나쁜 감정들이 쌓여 왔기 때문인 것 같아요."

이렇게 말로 표현하는 아버지는 그래도 양호한 편이다. 아버지는 권위적이어야 한다는 생각 때문에, 남자는 속상한 것이 있어도 일일이 말로 표현하지 말아야 한다는 고정 관념 때문에 속으로만 끙끙 앓다가 술기운을 빌어서 마음을 털어놓는 불행한 경우도 많다. 낮에 사무실에서 속상했던 일을 윗사람에게는 직접 풀지 못하고 쌓아 두었다가 집에 돌아와서 식구들에게 화풀이를 하는 경우도 비일비재하다.

아이도 마찬가지다. 아버지에게 야단을 맞을 때는 꾹 참고 있다가 밖에 나와 아무 죄도 없는 강아지를 발로 걷어차버린다. 엄마 아빠가 자기하고 놀아주지 않는 것이 속상해서, 정작 집에서는 얌전히 있다가 학교에서 일부러 시험을 망쳐 오던 아이는 이렇게 고백한다.

"왜 자식들만 부모들을 기쁘게 해야 돼요? 우리 엄마 아빠는 나를 기쁘고 만족하게 해준 적이 없는걸요."

어른이나 아이나 마음 속에 나쁜 느낌을 저장하고 있다는 사실을 모르고 지내는 것이 보통이다. 나쁜 감정을 갖는다는 사실이 두려워서 숨기려는 본능 때문이다. 이럴 때 나쁜 느낌은 무의식 세계로 파고 들어간다. 본인도 겉으로는 의식하지 못하는 것이다.

"도대체 전 그런 느낌을 가진 적이 없습니다."

"원 천만에요. 전 부모님에게 화를 내본 적이 없어요. 한 번도 부모님을 나쁘게 생각한 적이 없기 때문에 나쁜 감정을 가질래야 가질 수가 없는걸요."

어렸을 때 생긴 나쁜 감정들이 발산되지 못하고 쌓이면, 후에 배우자, 자녀, 부하 직원, 동물을 학대하는 것으로 터져 나온다. 그렇기 때문에 아이들이 생활하는 중에 느끼는 나쁜 감정을 방치하지 말고 해소시킬 수 있는 방법을 알려주어야 한다. 이것이야말로 좋은 버릇들이기의 지름길이다.

이것은 공부를 잘해서 일등을 하도록 도와주는 일보다도 더 중요하다. 명문대학에 들어가고 좋은 직장에 취직해도 나쁜 감정을 건설적으로 해결하지 못하는 이는 늘 마음 속에 불행의 그림자가 머물러 있어서, 사회의 부정적인 면만을 보고 주위 사람을 포용하지도 못한다.

갓 태어난 아기의 부모이거나 곧 아기가 태어나기를 기다리는 부모가 이 책을 읽고 있다면 그들은 행운아다. 아직 아기의 마음에 속상함이 쌓여 있지 않을 때 이 새로운 방법을 즉시 적용해볼 수 있기 때문이다.

지난날 깨닫지 못했던 것, 즉 아이의 마음을 제일 아프게 했던 것이 무엇인가를 알게 된 부모 역시 행운을 얻은 것이다. 이제 아이의 문제를 해결할 수 있는 유리한 위치에 섰기 때문이다.

배가 몹시 고플 때는 아프게 느껴진다. 정서적인 굶주림도 정도가 지나치면 아픔이 된다. 정서적인 배고픔을 잘 달래줄 수만 있다면 많은 문제들을 미연에 방지할 수 있다.

엄마가 내 마음을 알까?

아이의 버릇이 나쁘다면 우리들이 '나쁜 감정'을 고려하지 않았기 때문이다. 우리는 단지 나쁜 행동만을 다룬 것이다. 나쁜 감정은 언제나 나쁜 행동의 원인이 된다. 항상 감정과 행동을 함께 생각해야 한다.

어른도 마찬가지이다. 갈비를 굽다가 실수로 태웠는데, 그것을 본 남편이 '쯧쯧' 혀를 차고 나갔다. 아내는 어떻게 느낄까?

"다시는 갈비를 구워주나봐라."

비협조적이고 반항적인 마음이 들 것이다.

하지만 아내를 두 팔로 감싸며 "하루 종일 준비했을 텐데."라고 다정하게 말해주면, 아내의 마음은 마술에 걸린 것처럼 가벼워질 것이다. 말은 안 해도 '다음 번엔 더 잘해야지, 맛있는 갈비구이를 해줘야지.'라고 생각할 것이다.

동생을 본 큰아이에게 엄마가 "어린 동생에게 좀 잘해라. 부드럽게 대해 주란 말야."라고 야단을 쳤다. 그 후 엄마는 아기에게 젖을 먹일 때 큰아이가 자꾸만 팔을 잡아당기자 이 아이를 방에서 내보내버렸다.

이 어머니는 큰아이의 절실한 느낌을 다루는 데 실패했다. 큰아이는 점점 더 반항적인 마음만 들 뿐인데 동생에게 잘할 수는 없지 않겠는가? 그러면 어떤 방법이 좋을까?

어머니가 두 팔로 큰아이를 꼭 껴안고는 "애야, 난 네 마음이 어떤지 잘 알

아. 저 작은 '방해자'가 엄마를 뺏어가는 게 속상하고 슬프지. 그렇지만 엄마는 옛날하고 똑같이 널 사랑한단다."고 말해주자. 큰아이는 '방해자'라는 말은 잘 알아들을 수 없더라도, 엄마가 자기의 느낌을 이해했다는 것과 나쁘게 굴었는데도 아직 나를 사랑하고 있다는 안정감을 느낄 것이다.

또한 엄마가 모호한 감정의 상태를 정확하게 이야기해주었기 때문에, 아이는 자신의 감정이 어떤 것인지도 파악하고 배울 수 있다.

'어유, 안심이다. 우리 엄마는 내 느낌을 아는구나! 엄마는 내 기분을 이해하는구나. 좀 나쁜 마음이 들었다고 해도 야단치지 않으시는구나. 이젠 어떻게 느끼는가를 이야기할 수 있을 것 같아.'

큰아이는 안도의 한숨을 내쉬고는 이렇게 큰 소리로 말할 것이다.

"응, 아기는 나빠!"

겁낼 것은 아무것도 없다는 것을 알려주는 한편 어머니는 큰아이의 '나쁜 감정'을 야단치지 않으면서 그의 느낌을 간단히 이야기해주는 것이 좋다.

"네 생각에는 아기가 나쁜 아이 같구나."

"응!"

큰아이는 더욱 가까이 기대면서 어리광스럽게 대답할 것이다. 한 시간 후에 큰아이는 엄마에게로 와서 이렇게 알려주는 기적이 일어날 것이다.

"아기가 울어요. 배고픈가 봐요."

아이에게 좋은 버릇을 들이려고 할 때, 반드시 아이의 협력을 얻어야 한다. 어른들은 아이의 나쁜 감정을 받아들이고, 아무리 나쁜 행동을 보여도 여전히 사랑하고 있다는 것을 보여주는 데에 최선을 다할 뿐이다. 못된 행동들은 아이가 자신이 갖고 있는 나쁜 감정에서 헤어 나오려는 한 방편이다.

　모르는 것을 해결할 수는 없다. 아이가 자신의 느낌을 있는 그대로 직시하고 인정해야만 해결책도 나온다. 자전거를 보지 않으면 자전거를 탈 수 없는 것처럼, 똑바로 보지 않으면 앞으로 갈 수 없는 것처럼.

　"그렇지만 어린아이들이 못된 생각을 하는 걸 내버려 둘 수 없잖아요."

　이렇게 반문할 수도 있다. 그러나 아이든 어른이든 못된 생각을 막는 방법은 없다. 중요한 것은 일단 나쁜 감정이 드는 것을 받아들이고, 그 후에 바람직한 생각을 갖도록 노력하는 것이다.

　부모가 아이의 나쁜 감정을 받아들이지 못하면, 아이 역시 자신의 나쁜 감정을 받아들이기 힘들다. 우리들이 아이의 감정을 이해하고 받아들인다는 태도로 똑똑히 이야기해줘서, 아이 스스로 나쁜 감정들을 직시하는 것이 나쁜 일이 아님을 인식하고 안정감을 느끼도록 도와야 한다.

이 인형을 꼬집고 때려도 좋아

나쁜 감정은 반드시 해소되어야 한다. 그것도 다른 사람에게 피해를 주지 않는 방법으로.

"하지만 어떻게요? 그 녀석은 나나 제 엄마를 발로 찰 때도 있습니다."

"하지 말라고 꽤 많이 해봤지만 마이동풍이에요."

어느 아버지가 눈을 치뜨며 물었다.

"아드님이 분노를 해결할 수 있도록 길을 마련해주시지는 않았잖아요."

바로 이 점이다. 나쁜 감정을 건설적인 방법으로 표현하도록 돕는 것이 성공의 비결이다. 못 하게만 하는 것은 행동을 좋은 방향으로 바꾸는 데에 조금도 도움이 되지 않는다. 아이들이 나쁜 감정을 사회적으로 용납되는 방법으로 발산하도록 도와줄 때에만 아이의 좋은 버릇은 길러진다.

"엄만 네가 아기를 꼬집는 걸 그냥 놔 둘 수 없어. 하지만 넌 아기가 엄마 시간을 많이 뺏아가서 밉지? 네 속상한 마음을 풀어줄 수 있는 방법이 있단다. 이 인형을 대신 꼬집으려무나."

"얘야, 안 돼. 난 네가 엄마를 때리는 걸 원하지 않아. 그렇지만 네가 엄마를 심술쟁이로 생각한다는 걸 잘 알고 있어. 저 초록색 방석을 엄마라고 생각하자, 응? 저 방석을 엄마라고 생각하고 때리면 어떻겠니?"

속상한 일을 말로 표현할 수만 있으면 절반 이상이 해결된다. 말하는 것 자체가 벌써 가슴 속의 응어리를 간단히 풀어주기 때문이다. 원하는 대로 말을 할 수 있기 때문에 마음 속에 있는 나쁜 감정이 밖으로 나오고, 일단 나쁜 감정이 밖으로 나오면 나쁜 행동으로 이어지지 않는다. 말은 아무에게도 신체적인 손해를 끼치지 않는다.

또 속상한 일을 놀이로 표현하게 할 수도 있다. 노는 동안 모든 응어리들이 가슴 속에서 사라져 나쁜 버릇으로 이어지지 않기 때문이다. 분노가 다 쏟아져 나올 때까지 인형을 꼬집고 발로 차고, 종이 위에 물감으로 마구 덧칠하고, 찰흙을 꽝꽝 두드리거나 주먹으로 치거나 잡아당기고, 엄마 아빠의 모양을 만들어서 납작하게 눌러버릴 수도 있다. 이렇게 하면 실제로 다른 사람을 신체적으로 다치게 하지 않는다.

준기가 두 돌이 넘고 다영이가 만 네 돌 반이 되자, 다영이는 유치원에서 친구들과 놀아본 것을 집에서 준기를 대상으로 실험해보았다. 준기는 무조건 누나가 시키는 대로 했고 둘은 곧잘 재미있게 놀았다. 그러나 두 아이 다 언어 발달이 완전히 이루어지지 않았고 준기의 언어 이해 능력이 누나보다 떨어지니 의사 소통이 어긋날 때가 있었다. 이럴 때는 잘 놀다가도 갑자기 머리로 박고 할퀴며 싸웠다.

이때 우리는 둘 사이를 떼어 놓으며 "싸울 땐 말로 싸우자. 싸워도 블록을 던지거나 얼굴을 때리거나 꼬집지 말자."고 반복해서 일러주었다. 아이들은 성장하면서 치고받는 싸움이 줄어들고 말싸움의 회수가 잦아졌다.

사랑과 자신감

마음의 음식 하나, 사랑

우리는 경험을 통해 사랑이 결핍되면 생이 얼마나 불행하고 지루한가를 잘 알고 있다.

사랑에 굶주린 아이는 눈에 보이는 것은 뭐든지 다 사달라고 떼를 쓴다. 남의 물건을 훔치거나, 쓸데없는 말을 지껄이며 상대방을 괴롭히는 학생, 돈을 끝없이 쓰려하고 애인을 계속해서 바꾸는 아가씨, 모두 사랑을 제대로 받지 못했기 때문이다.

사랑에 대한 굶주림은 요람에서부터 시작된다. 우는 아기를 마냥 내버려 두면, 아기는 부모에게 무시당한 것 같고 또 '속이 상한다.'는 감정을 경험하게 된다. 버릇 고치는 방법에 대한 여러 이론 중 '습관화'라는 것이 있다. 때로는 어린아이들이 울다가 스스로 지치도록 봐 두는 것이 바람직하다는 이론이다. 그러나 자칫 원래의 의도와는 달리 어린아이에게 '엄마 아빠가 날 사랑하지 않는구나. 나를 돌봐주지 않는구나.'하는 생각을 품게 할 수 있다.

어떤 어머니가 의사에게 근심스럽게 물었다.

"우리 아이는 자야 할 시간에 자지 않고 그저 울기만 한답니다."

진찰 결과 건강에는 이상이 없었다. 의사는 다음과 같이 말해주었다.

"신체적으로 배고픈 것이 아니라면 정서적으로 배가 고파서 그러는 것입니다. 아기에게 젖을 실컷 빨려보세요. 그래도 울면 꼭 껴안아주세요. 어느 아이든지 포근한 사랑을 갈망하고 있으니까요. 아기는 아직 말로 표현할 수가 없기 때문에 무엇을 원하고 무엇을 필요로 하는지 울음으로써 표현합니다."

"하지만 안아줄 시간이 아닌걸요. 잘 시간인데 안아달라고 떼를 쓰면……."

"아기에게는 시간 개념이 없지요. 하지만 자기가 어떻게 느끼는가는 정확히 압니다. 어릴 때 이 사랑의 굶주림을 채워주지 않으면 그 굶주림의 아픔이 평생 아이를 괴롭힐 겁니다. 받지 못한 사랑을 억지로 받으려다가 심술궂어질지도 모르고, 다른 사람에 대해서 적대심을 갖게 될 수도 있지요."

충분한 사랑을 주는 제일 좋은 방법은 아이를 진정으로 사랑하는 것이다. 신통찮은 소리로 들릴지도 모른다. 하지만 아주 중요한 이야기다. 우리 부모들이 아이를 사랑하고 있다는 것을 그 아이들이 확실히 느끼게끔 하는 가장 좋은 방법은 속마음으로부터 우러나서 사랑을 하는 것이다. 사랑하는 체하는 것은 금물이다. 아이들은 그것을 꿰뚫어본다.

"아빠, 말로만 사랑한다고 하지 마세요. 아빠, 눈으로 말해주세요."

세 살 난 여자아이가 한 말이다.

마음의 음식 둘, 자신감

종종 부모들은 자녀의 발달 단계 및 특징을 이해하지 못한 채 아이의 능력에 넘치는 일을 해내라고 기대한다. 근육이나 신경 계통이 대소변을 가릴 수 있을 만큼 준비되지 않았는데도(만 네 살은 되어야 비로소 실수하지 않을 수 있다.) 매를 들어서라도 가르치려고 한다. '부모가 원하는 것을 아이가 이해할 수 있을 때까지 기다리기'와 '아이는 저마다 각각 다르다는 것을 알기'가 중요하다. 이웃집 아이가 했다고 우리 집 아이도 꼭 해야만 하는 건 아니다.

아이의 능력을 넘어서는 것은 요구하지 않아야 한다. 그러려면 자녀를 관찰해서 아이가 어디까지 준비되어 있는지 파악해야 한다. 아이들은 부모들이 원하니까 마지못해서 하는 것이 아니라 자신의 흥미에 맞기 때문에 마음껏 해볼 수 있어야 한다.

두 살 난 아이가 무엇인가 열심히 끄적거리고 있다고 가정해보자. 기특하게 여긴 부모가 "자, 이젠 강아지를 그려봐야지." 했다면 눈치 없게도 아이 나름대로 작품을 만들어볼 기회를 망쳐 놨을 뿐만 아니라 우리 어른이 원하는 것을 강요하는 결과를 초래하고 만 것이다. "야, 그것 참 재미있구나!"라고 해야 옳았다.

아무리 어려도 '난 누가 하라고 하는 일만 하고 싶지 않아. 난 내가 원하는 일을 하고 싶단 말야.', '난 남이 하라고 하는 일이 너무 많기 때문에 내가 정말 하고 싶은 일은 할 시간이 없어 속이 상하고 화가 난단 말이야.'라는 느낌은 갖고 있다.

또 칭찬받고 싶은 욕심이 있다. '나도 뭔가 제대로 해낼 수 있으면 얼마나 좋을까?', '다른 사람들이 '너 참 잘하는구나!'라고 인정해주면 좋겠어.'하고 소망한다.

하루 종일 우리 부모들이 아이들에게 '이거 해라, 저거 해라.'하며 시키는 일은 얼마나 많으며 '하지 마라.'라고 하는 일은 또 얼마나 많은지.

"글쎄 하루는 앉아서 아이들에게 못하게 하는 것이 얼마나 많은지 적어보 았어요. 원 세상에, 그렇게 많을 줄은 미처 몰랐어요. 깜짝 놀랐다니까요."

어느 어머니의 고백이다. 자, 이젠 우리 자신에게 물어보자.

그런 것들은 정말 중요한 것이었을까?

말하지 않아도 좋았던 것은 없었을까?

아이 나름대로 할 수 있게 했다면 더 좋았을 걸 하는 것은 없었나?

너무 어린아이를 꾸지람하지 않았나?

아이가 한 일을 바르게 칭찬해주었던가?

한 번에 여러 가지 요구를 하면 아이들은 해낼 수 없다. 때문에 유아기 자 녀를 둔 어른들은 아이에게 요구할 것들에 우선 순위를 정해야 한다. '놀잇감 치우기', '손 씻고 밥먹기', '옷입기' 이 세 가지를 모두 시켜야 할 때라도 가 장 시급한 것부터 순위를 결정해야 한다는 뜻이다.

그래서 요구한 일이 실행되었다면 다른 두 가지를 행하지 않았어도 눈감아 주어야 한다. "아직도 속옷 바람이니?", "언제나 정리정돈을 하게 될지, 아이 고 내 팔자야."라는 식으로 여러가지 행동을 한번에 지적하는 것은 그야말로 쓸데없는 일이다.

잔소리도 다이어트가 필요하다

좋은 습관을 길러주는 과정에서 되도록 문제를 일으키지 않고 편안하게 아이를 대하고자 한다면 '불필요한 것'들을 아주 줄여버리는 것이 현명하다.

아이들은 자신에게 거는 기대감을 부담스러워한다. 잔소리를 하지 않으면 버릇이 나빠질 거라고 걱정하지 말자. 오히려 불필요한 잔소리를 줄이는 것이 때로는 효과적이다.

'이해', '성취', '사랑', 이 셋은 아이들이 성장하는 데 제일 중요한 정서적 음식이다. 만일 우리 어른들이 아이들에게 이 세 가지 정서적 음식을 충분히 준다면 버릇 들이는 데 일어나는 많은 문제들을 예방할 수 있다.

이 세 가지를 충분히 받았는지 아닌지 어른들은 정확히 판단할 수 없지만 아이만은 이야기할 수 있다. 배가 부른지 고픈지를 말할 수 있는 것은 자기 자신뿐인 것처럼!

그러니 아이가 버릇없이 굴면 '난 사랑을 더 받고 싶어요.', '난 성취감을 맛볼 수 있는 기회가 필요해요.'라든가 '엄마 아빠 날 좀더 깊이 이해해주세요. 나한테 나쁜 점도 있을 수 있다는 것을 말이에요.'라고 메시지를 보내는 것임을 알아야 할 것이다.

나쁜 감정을 표현하는 아이가 착하다?

'도대체 아이를 왜 잘못 키우지?'

'부모가 얼마나 못났으면 학교에 불려다닐까?'

대학원 졸업 후 대학의 부속유치원 교사로 근무하던 때였다. 그러지 말아야지 하면서도 성격 좋고 활달하고 상냥한 아이들이 자꾸 먼저 눈에 들어왔다. 조용히 이야기할 시간에 소리를 지른다든지 옆에 앉은 아이를 못살게 굴어 소란을 피우는 아이들을 보면 '어쩜 엄마들은 집에 있으면서 아이를 저렇게 키웠지? 난 이 다음에 잘할 자신이 있어.' 라고 속으로 생각하기도 했다. 아이를 낳아 기르기 전까지는, 모두가 훌륭한 부모가 될 수 있을 거라는 막연한 자신감을 가지곤 하니까.

약혼을 하고 나니 그게 아니었다. '저 아이들도 사랑하는 이들의 귀한 자녀겠구나.' 하는 생각이 들기 시작했다. 결혼과 출산 후에는 깨끗하고 행동이 바람직한 아이들보다 오히려 문제를 일으키는 아이들에게 더 애정이 갔다.

유아 교육을 전공한 나 자신도 딸 셋을 키우는 일이 쉽지 않았음을 고백하고 싶다. 아이들은 나의 소유물이 아니었다. 그들은 자기 나름의 느낌, 생각을 갖고 있는 귀중한 인격체였다. 그러기에 그들은 하라는 대로 따라 하지 않으려 했고, 자기 생각이나 느낌을 표현하고 싶어했다.

세 아이를 성인으로 키워 놓은 지금 터득한 원칙이 있다. 제일 중요한 원칙은 '정서가 병들지 않게 해주면 웬만한 문제는 예방될 수 있다.' 는 것이다. 화목한 가정이라고 해서 아이들이 늘 생글생글 웃기만 하는 것은 아니다. 인간이기에 슬픔, 분노, 무서움을 느낄 수밖에 없다.

문제 없는 아이는 없다. 화를 내지 않는 아이도 없다. 결국 아이들은 화나고 속상하고 무서운 일이 있을 때, 가급적 빨리 해소하도록 도와주는 일이 무엇보다 중요한 것이다. 이것이 부모의 역할이다.

정서가 바르게 자라나려면 나쁜 감정이 빠져 나가야 한다. 물탱크의 물을 빼내지 않고 오랫동안 두면 썩는다. 썩은 물을 먹지 않으려면 더러워진 물을 새로운 물로 바꾸어주어야만 한다. 마찬가지로 아이의 마음도 나쁜 감정이 빠져 나가야 좋은 감정이 들어설 자리가 생긴다.

그런데 대부분의 경우 묵은 감정이 빠져 나가는 것보다 나쁜 감정이 쌓이는 속도가 더 빠르다. 그렇기 때문에 새로운 마음을 갖도록 최선을 다해야 한다. 나쁜 감정들이 빠져 나가고 이해로써 받아들여지면 건전하고 좋은 감정이 자연히 흘러 들어간다. 특별한 방법이 필요 없다.

"하지만 우리들이 아이의 나쁜 감정을 자꾸 인식시켜주면 아이는 마음에 늘 그 생각만 하게 되지 않을까요?"

많은 부모들이 걱정스레 묻곤 한다. 천만의 말씀이다. 나쁜 감정을 밖으로 표현하게 되면 마음 속의 그런 감정이 아주 사라진다.

"엄마는 화나면 나를 때리면서도 나보고는 나쁜 감정을 참으라고 해요. 엄마가 때리고 야단치는 것은 내 마음 속에 나쁜 마음을 더 쌓이게 해요." 이렇게 말하는 아이들도 있다.

"난 네가 어떻게 느끼는지 알고 있어."라고 말해주자.

아이가 어떻게 느끼는지 우리가 말로 정확하게 표현해주는 일은 어른들이 아이들을 이해하고 있다는 사실을 보여주는 것이다. 이때 야단치는 식이 되지 않도록 노력해야 한다. 목소리의 억양으로도 나타내서는 안 된다. 목소리에 분노가 묻어나지 않으려면 마음이 평온해야 한다. 아이들이 말하는 것에 대해 어른이 어떻게 느끼고 생각하는가에 따라 평온을 유지할 수 있기도 하고 없기도 하지만.

아이의 입장에 서서 생각해보자. 물론 실수할 때도 가끔 있을 것이다. 한 번도 실수하지 않는 사람이 누가 있을까? 하지만 조금이라도 성공한다면 부모와 어린 자녀의 관계는 대단히 좋아진다.

언제든지 네 얘기를 들어줄게

어른도 혼자 감당하기 어려운 일이 생기면 누구에겐가 이야기하고 싶어진다. 아이들도 '무섭다, 화난다, 속상하다' 는 느낌이 싹트면 그것을 혼자 삭이지 못하고 누군가에게 이야기를 해서 해결하고 싶어한다. 이러한 바람이 이루어지지 않을 때 남을 때리거나 물건을 부수거나 소리를 지르는 행동으로 발산된다.

건성으로 듣는 척하는 어른 앞에서 아이는 "그만두세요." 하고 말문을 닫아 버린다. 부모는 아이가 문제를 이야기하기 시작하면 아무리 흥미 있는 프로그램이라도 텔레비전을 끄고 아이와 마주하여 귀를 기울여야 한다. 이런 진지한 태도를 보이게 되면 아이는 쉽게 자신의 느낌, 생각, 상태를 계속 이야기한다. 부모가 꼭 무슨 말을 하지 않아도 효과적이다. 아이에게 자신감, 자기 존중감, 자기 신뢰감을 심어주기 때문이다.

'우리 아빠, 엄마는 내 문제에 대해 정말 관심을 갖고 계시는구나.'

'텔레비전보다는 날 더 중요하게 생각하시는구나. 암, 난 중요하지.'

'연민이 담긴 침묵' 은 아이들의 마음에 공감을 일으킨다.

그렇다고 해서 침묵만 하고 있으라는 뜻은 아니다. 공감의 표시로 머리를 끄덕이거나, 몸을 가까이 굽히거나, 간단한 말로 대답해주는 것도 좋겠다.

속상한 마음을 들어주는 부모

● 건성으로 듣는 부모

엄마 아빠도 그렇게 생각해

유치원의 창시자 프뢰벨은, 부모는 자녀에게 지적인 사랑intellectual love 을 해야 한다고 말했다. 현대 유아 교육자들은 객관적인 사랑을 지녀야 아이들을 올바르게 키울 수 있다고 했다.

'지적인 사랑', '객관적인 사랑' 모두 자식을 무조건 예뻐하거나 과잉보호하지 말라는 뜻으로 바꾸어 말할 수 있다. '부모가 적극적으로 나서서 문제를 해결해야 할 때'와 '아이 스스로 할 수 있도록 도울 때'를 지혜롭게 판단하여 행동해야 한다는 말이다.

아이의 요구나 필요를 다 들어주어 스스로 해결해야 될 문제까지 간섭하는 부모가 있다. 이것은 큰 손해이다. 아이건 어른이건 문제가 없는 평온한 상태에서보다는 문제를 해결하는 동안 능력이 자라나기 때문이다.

그러므로 부모는 아이의 문제에 항상 객관적인 태도를 가져야 한다. 권위를 앞세워 가르치거나 선도하려는 식이라면 이미 객관성을 잃은 것이다.

"넌 왜 그런 일을 저지르니?"

"엄마 말 안 듣더니 꼴 좋게 됐다."

그러나 객관성을 유지하기가 그리 쉬운 일은 아니다. 처음부터 자식 잘못되라고 과보호하고 무조건 예뻐할 부모가 어디 있겠는가? 그렇게 해야 아이가 잘 자랄 것 같고 또 달리 방법을 알지 못해서일 뿐이리라.

경험에 비추어보면 아이들은 하루에도 수십 번씩 엄마에게 불평을 늘어놓는다. 나는 세 딸을 두었으니 한 아이에게 서너 번만 들어주어도 하루에 열 번은 넘게 들어야 했다. 그럴 때마다 '넌 왜 그러니?', '싸우긴 왜 싸워? 너더러 누가 싸우랬어?' 하며 열을 올리기보다는 객관성을 갖는 것이 서로를 위해 효과적임을 알았다. 요즈음 떼쟁이 손자 손녀를 대하며 정서 다루기의 원칙은 30년이 지나도 변하지 않는다는 것을 느꼈다.

속이 상하고 화가 나는 것은 기대 수준이 높아서이다. 다른 집 자녀들보다 알아서 척척 행동해주었으면 좋겠고, 어른처럼 판단해서 엄마를 귀찮게 하지 않았으면 좋겠다는 기대가 객관성을 잃게 한다. 그러면 어떻게 해야 좋을까? 아이들이 하는 말을 열심히 들은 후에 공감하는 인식 반응을 보여준다. '하여튼 너는 왜……?' 하기 전에 '내가 어릴 때 저런 경우에는 어떤 심정이었지?'를 먼저 생각하면 지나친 기대가 얼마나 무리인가를 알게 된다.

누가 색연필을 훔쳐 갔다고 하소연하는 딸에게 "그런 말 함부로 하는 게 아냐. 다른 사람이 너보고 뭘 훔쳐 갔다고 하면 좋겠니?" 또는 "잃어버려도 싸다. 엄마가 뭐랬니? 물건은 책상 속에 잘 넣고 다니라고 했잖아?" 한다고 어린아이가 물건을 잘 챙기고 도덕적인 사람이 될까? 색연필을 잃어버려서 속상한 딸아이 입장이 되어 "새로 산 색연필을 잃어버려 속상하겠다. 함께 찾아보자."라고 해주자. 아이가 친구와 싸우고 혹시 따돌림을 당할까 봐 걱정한다면 "친구들이 너와 놀지 않을까 봐 걱정되니?"라고 말해주자. 선생님께 혹시 미움받지나 않을까 염려하는 자녀의 입장에 서서 "선생님이 널 미워할까 봐 걱정되지?"라고 이야기해보자.

인식 반응을 보여주는 부모

● 객관성을 잃은 부모

한국에 다니러 온 미국인 친구와 고등 학생인 그 아들에 대해 이야기를 나눈 적이 있다. 성性이 개방되어 고등 학교 때부터 무절제한 성을 경험하는 미국 사회이고 보니 부모와 자녀 사이에 갈등이 많다고 했다. 그러나 어려서부터 수평적인 관계를 유지하면서 때로는 얼굴이 붉어질 말에도 "응, 그랬구나." 하는 인식 반응을 보이는 말로 대했더니 그 아들은 어떤 이야기라도 어머니와 나누며 여자 친구를 건전하게 사귀게 되었다고 만족해하였다.

따뜻한 눈빛으로 열심히 이야기를 들어줄 뿐 아니라 "그래?", "음. 저런!" "그래 보겠니?"라는 반응을 보여주는 어머니에게 아이들은 자꾸 이야기를 꺼내게 되고 이야기하는 동안 나름대로 해결책을 찾는다.

간단하지만 이런 인식 반응들은 어머니가 아이에게 관심이 있음을 보여주기 때문에, 아이들은 자신의 사고나 느낌을 분명히 표현할 수 있다.

지금 네 느낌은 이렇겠구나

슬픔·속상함·고통·공포를 경험하지 않고 살아가는 사람이 있을까? 몹시 가난한 경우 돈만 있다면 고통에서 벗어날 수 있을 거라고 생각한다. 그러나 돈이 있거나 권력이 있는 가정에 살아볼 기회가 주어진다면 그 곳 역시 천국이 아니라는 것을 아마 일 주일도 못 돼 알게 될 것이다.

또 명문대학을 나오지 못했거나, 유학을 다녀오지 못한 이들은 혹시 '교수들은 좋겠다. 바랄 게 없을 거야. 공부 많이 했지, 좋은 구경 다 했으니 말이야.' 하겠지만 천만의 말씀이다. 집안 일을 도와주던 아주머니가 밤마다 책과 씨름하는 남편과 나를 지켜보더니 어느 날 "공부가 높으면 고생이 없는 줄 알았더니 더하네요. 그런 공부 해서 뭘 한대요?" 하는 것이었다. 아주머니는 잘 사는 사람이나 공부를 많이 한 사람은 고생을 모르고 슬픔도 없을 거라는 막연한 생각이 다 환상에 불과했다고 말했다.

슬픔·분노·고통 등 감정은 연령, 집안의 경제 사정, 교육 정도와 상관없이 사람들의 마음에서 끊임없이 솟아났다가 사라지곤 한다. 다만 차이가 있다면 불편한 감정을 어떻게 해소하느냐에 따라 삶의 모습이 달라진다는 것이다. 불편한 감정이 마음에 쌓이지 않도록 현명하게 조절하는 사람들은 생활이 평온하고, 마음 속에 불행감이 침전된 사람들은 생을 부정적으로 이끌어 간다.

● 아이의 감정을 읽어주는 부모

나쁜 감정을 조정하는 기술은 어려서부터 학습되어야 한다. 불편한 감정이 쌓일 때마다 징징 울어젖힘으로써 문제를 해결했던 아이들은, 커서도 문제를 직면하지 못하고 징징거리거나 자기보다 힘이 더 있다고 여겨지는 어른에게 의존하려 할 것이다. 반면에 어려서부터 자신의 정서적 상황을 언어적 표현 또는 그림이나 작업 활동을 통하여 해소할 기회를 가졌던 아이들은 보다 건설적인 방법으로 불행한 마음 상태를 풀어 나가게 될 것이다.

아이의 나쁜 감정을 없애주는 제일 쉬운 방법은 아이들이 이 나쁜 감정을 부모에게 턱어놓게 하는 것이다. 솔직하게 이야기하는 것만으로도 마술처럼 문제가 풀어지기 때문이다.

"난 엄마가 미워요. 마귀 할멈 같아."

열 살 된 아이가 이렇게 소리칠 때 도대체 뭐라고 대답할 것인가?

"넌 참 못된 계집애로구나. 엄마한테 그렇게 이야기하는 게 아냐. 네 방으로 가버려."

이렇게 소리치면 아이는 엄마를 더욱더 증오할지도 모른다. 아이의 느낌을 이해하고 받아들이는 태도로 말해보자.

"그래, 때론 엄마가 미울 때가 있어. 그 마음 알겠어."

아이는 깜짝 놀라 물을 것이다.

"엄마도 외할머니를 미워한 적이 있어요?"

"물론이지. 그렇지만 너무 부끄러워서 지금은 그랬다고 말하기도 힘들 지경이야."

"엄마도 그 때 할머니가 '넌 왜 그 모양이냐?' 라고 말했을 때 도망가고 싶었어요? '내가 도망가면 엄마가 속상할 거다.' 라고 생각했어요?"

"그래. 그랬던 것 같아."

"그래요 엄마, 나도 그래요. 입은 아무리 다물고 있어도 생각은 다물 수 없어요. 그렇지요?"

"그렇단다 애야, 생각은 그치지 않고 머리 속에서 맴돌게 마련이지."

"엄가, 난 엄마가 좋아요."

처음에 증오에 차서 말하던 것과는 얼마나 차이가 있는가. 이런 상황이 그렇게 쉽사리 이루어지는 것은 아니다. 무엇보다 정직하게 말해주는 것이 중요하다. 정직하게 엄마의 약점을 이야기하는 것만큼 더 친밀해지는 방법도 드물 것이다.

'나쁜 감정이 튀어나올 때에야 좋은 감정이 싹튼다.'

이 말을 머리 속에 또박또박 깊이 기록해 두어야 할 것이다.

그런데 문제는 아이들이 자신의 마음 상태를 적절하게 표현할 수 있는 어휘력이 모자란다는 점이다. 마음에 우글거리는 무엇인가 있는데 말로 표현할 수 없기 때문에 발로 차고, 꼬집고, 던지는 등 공격적이고 파괴적인 행동을 하게 된다.

다영이는 말문이 겨우 트였을 때, 새로 온 아기 돌보는 할머니가 2개월 된 남동생만 예뻐하고 자기는 예뻐하지 않자 밤에 오줌을 싸기 시작했다. 맞벌이 부모가 집에 돌아오면 생떼를 부려 주위 사람들을 당혹하게도 만들었다. 이럴 때마다 다영이의 나쁜 감정을 말로 표현해주니 만 5세가 될 때쯤에는 모든 상황을 이해하고 잘 웃고 친구와도 즐겁게 노는 행복한 아이가 되었다.

아이들이 슬픔 · 속상함 · 고통 · 공포를 느끼는 상태일 때, 그 때를 적절히 이용해서 교육의 기회로 삼아보자.

보통 부모들은 이런 종류의 반응을 꺼리는 편이다. 나쁜 감정을 명확히 규정해주면 상태가 더 악화될 것이라고 생각하기 때문이다. 게다가 한국인들은 감정을 말로 표현하는 것을 경박하다고 생각하는 경우가 많기 때문에 더 기피하기도 한다.

그러나 결과는 반대이다. 아이들은 자신이 지금 경험하고 있는 것에 대해 누가 명확한 말로 규정해주면 깊은 안도감을 갖는다. 나쁜 감정들을 아예 없는 체하는 것이나 그렇게 느끼지 말라고 강요하는 일은 나쁜 감정을 더 악화시킨다.

'환상'은 거짓말과 다르다

유치원 교사로 재직하던 때였다. 하루는 우리 반 아이의 어머니가 급히 오더니 "선생님 큰일났어요. 우리 아이가 얼굴 표정도 변하지 않은 채 거짓말을 하기 시작했어요." 하는 것이었다.

유치원이 끝난 후 아들이 친구 몇 명을 데리고 집에 왔다. 아이들끼리 잘 놀고 있었는데 한 아이가 "우리 아빠 어저께 자가용 사왔다." 하더라는 것이었다.(1960년대만 해도 자가용은 극히 드물었다.) 그 말을 맞받아 아들아이는 "우리 아빠도 미국에서 빨간색 자동차 사왔어." 하였단다. 남편이 미국에 간 적도 갈 계획도 없으며 빨간색 승용차를 구입할 경제적 능력도 없다는 그 어머니는 이런 엄청난 거짓말에 놀랐다고 했다.

초등 학교 1학년 정도까지 아이들은 현실과 환상을 구분하지 못하는 때가 많다. 현실에는 없는 빨간 승용차를 환상 속에서 그려봄으로써 어느 정도 자신의 욕구를 충족시키는 것이다. 결코 나쁜 의도의 거짓말이 아니다.

환상으로 욕구를 충족시키는 일은 아이에게만 있는 것이 아니다. 처음으로 한국을 떠나 20일 동안 유럽을 여행한 중년 부부에게서 들은 이야기다.

여행 내내 관광 버스를 타기만 하면 매운탕, 알타리김치, 김치찌개 등 우리 음식이 계속 떠올랐다. 그래서 서로 '매운탕 맛있게 끓이는 법', '장어구이 맛있게 하는 법' 등을 이야기하며 한국 음식에 대한 갈증을 풀었다고 하였다.

● 상황을 설명하며 아이의 이해를 이끌어내는 부모

● 아이의 요구를 무조건 안된다는 부모

고통이나 불편, 불만을 감소시키고 쾌락을 얻기 위해 어떤 물체를 상상하는 것을 프로이트는 '1차적 심리 과정에 의한 소망 성취'라고 하였다. 합리적 사고, 이성적 판단이 부족한 아이들은 이 '1차적 심리 과정'을 많이 쓰는 것이 발달 특징이다. 그러나 어린 시절을 잊은 어른들은 아이에게 '환상을 통한 소망 성취'가 위험한 일이라고 단정지어버리곤 한다.

　　하루 종일 환상에 빠져 현실을 무시하고 백일몽만 꾼다면 바람직하지 않겠지만 '이렇게 됐으면 좋겠다.'라는 바람을 완전히 무시해버리는 과오는 범하지 말자고 말하고 싶다. 도저히 불가능한 상황에서 지금 당장 아이스크림을 내놓으라고 떼쓰는 아이에게 어머니가 "아이스크림이 그렇게 먹고 싶어? 자동차 창문 밖을 잘 보자. 아이스크림 집이 있나." 하며 아이의 자기 중심적 욕구를 인정해주면, 아이는 어머니와의 상호 작용에서 게임 같은 기분을 느끼게 되며 절실했던 욕구의 정도가 수그러들게 된다. 아무리 절박한 필요라도 상대방으로부터 그 욕구의 중요성을 인정받게 되면 그 절박성이 줄어들게 된다. 딱딱하게 이론만을 주장하기보다는 융통성과 유머 감각을 갖고 상황에 대처해보자.

　　이렇게 해도 아이가 말을 듣지 않을 때에는 아이의 관심을 다른 곳으로 돌려 떼쓰는 원인에 대해 잊어버리게 하는 것이 좋다. 아이는 마음에 여유를 가진 어머니를 대하면서 삶에 대처하는 또 다른 방법을 배우게 될 것이다.

희망과 꿈을 이야기하자

나는 나중에 크면 어떤 사람이 될까? 이번 연극에 내가 주인공으로 뽑힐까? 반장 선거에서 내가 당선이 될까? 우리 반 친구들이 나를 좋아할까?

하루에도 몇 번씩 아이들의 마음에는 희망과 절망이 수없이 오간다. 그럴 때마다 아이들은 이를 누군가에게 털어놓고 싶어한다. 어머니도 좋고 친구도 좋고 선생님도 좋다. 그저 누군가가 이런 마음을 들어주기를 바라는 것이다. 어떤 때는 가능성이 많아보이고, 어떤 때는 이루어질 수 없을 것 같지만 그냥 이야기하고 싶은 것이다.

어른도 마찬가지다. 기대에 가득 차서 남편에게 달려가 "여보, 내일 학교에서 학교 운영 위원을 뽑는다는데 내가 될지도 몰라요."라고 이야기하는데 남편이 "김칫국부터 마시지 마. 누가 뽑아준대?" 하며 핀잔을 준다면 얼마나 멋쩍어지고 모욕감을 느끼게 될 것인가? 상대방이 무심코 던지는 말이지만 우리의 꿈이나 작은 소원이 짓밟혔다는 생각 때문에 비참해졌던 바로 그 경험을 바탕으로 어린 자녀들의 입장을 이해해보도록 하자.

처음에는 희망을 가지고 이야기하지만, 한두 번 핀잔을 듣고 나면 입을 다물게 되고, 결국 상대방의 존재를 무시해버림으로써 그 사람으로 인해 받게 될 고통을 미리 피하려고 할 것이다. 누구나 한 번쯤은 이런 경험이 있을 것이다.

지금 가만히 자신의 위치를 생각해보자. 내가 지금 좋아하고 가까이 있고 싶어하는 사람은 누구인가? 나를 싫어하거나 무시하거나 핀잔을 주는 사람이 아닌 것은 분명하다. 나를 인정해주고 좋아하며 존경해주는 사람들을 우리들 역시 좋아하고 존중한다.

그러나 긍정적인 사고를 하며 다른 사람들을 좋아하고 존중하는 일이 쉽지는 않다. 어느 날, 딸아이가 학교에 가고 싶지 않다며 울먹였다. 사연인즉 어제 학급회의 때 일어나서 발언을 한다는 것이 어느 특정인을 비난하게 되고 말았다는 것이다. 발언이 끝나자마자 다른 아이가 일어나더니 "○○는 친구의 인격을 모독하고 있다."라고 공격을 하였단다.

자기 반성을 보이며 딸아이는 말했다.

"엄마, 난 경솔한 게 탈이에요."

"네 마음이 얼마나 아팠겠니? 네가 말한 후 너도 느끼는 게 있었을 텐데 비난까지 받으니 얼마나 속상했을까?"

"엄마, 난 누가 잘못하는 걸 보고 가만히 있지 못하는 것이 문제예요."

"다른 친구의 좋은 점을 보려고 하면 안 될까?"

"잘못하는 걸 보고 어떻게 그냥 있어요?"

"네 친구들은 어떻게 느낄까?"

"알아요, 잘못한 걸 지적하고 나면 곧 후회하지만 잘 안 고쳐져요. 난 그게 탈이라니까요."

엄마 행동의 여러 측면 중에서 유독 뾰족한 면을 닮은 이 딸아이가 어렸을 적의 나의 고통을 반복하는 것 같아 안쓰러웠으나, 계속 따뜻하게 감싸주고 공감해 주어 원만한 삶을 살게 해야겠다고 생각했다. 물론 갓난아기 때부터 그 아이가 터득한 삶의 양식이 있기 때문에 하루 아침에 고쳐지지는 않겠지만, 계속 노력한다면 앞으로는 자기의 친구, 자녀에게 희망을 앗아가는 말을 함부로 하지 않을 것이라고 생각했다. 실제로 이 딸아이는 친구 관계가 원만할 뿐 아니라 자신의 생각을 다른 이에게 잘 이해시키는 어른으로 자랐다.

이렇듯 아기 때부터 머리 속, 마음 속에 박힌 사고방식이나 태도를 변화시키기는 무척 어렵다. 유아 교육을 전공하고 가르치기 시작한 지 어언 40년이 지났건만 출생 후 오랫동안 몸에 배어 온 말씨, 말하는 방식, 사고방식들을 고치는 일은 여전히 어려웠다. 그러나 만일 내가 유아 교육을 전공하지 않고 '과거의 나' 그대로를 자녀들에게 보여주었다면 365일 내내 불행해하는 딸들을 보았어야 할 거라는 생각에 머리를 절레절레 흔들게 된다.

늦었다는 생각은 핑계일 뿐이다. 오늘 이 시간부터 아이가 희망과 꿈을 이야기해 올 때는 빈정거리거나 무시하지 말고 긍정적으로 반응해보자. 그런 긍정적 반응이 곧장 희망을 이루어주지는 않지만 마음 속의 자신감을 깨뜨리지는 않을 것이니까. 마음 속 자신감이 깨진 사람이 가장 불행하다.

아이를 키우는 정서적 비료는 '인정'이다. 과하지도 않고 부족하지도 않은 인정을 해주려면
아이의 행동을 잘 관찰해야 한다. 그래서 정말 칭찬받을 행동을 했을 때 그 행동에 근거해서 인정해 준다.
행동이 일어날 때마다 칭찬이나 인정을 해주는 일도 효과가 있지만 어깨 너머로 듣게 하는 것도
대단히 효과가 있다. 어떤 의미에서는 더 큰 효과를 발휘하는지도 모른다.
왜냐하면 인간은 말 속의 의미를 파악하는 성향이 있기 때문이다.

5

자녀와의 대화에는 기술이 필요하다

문제아와 정상아의 차이

심리학 이론이나 연구 결과들이 대중매체를 통해 많이 전달되는 요즈음 부모라면 누구나 한 번쯤 이 문제를 생각해본다. 어느 날 '자위행위'에 대한 신문기사를 읽으면 '우리 아들도 혹시 바지춤에 손을 넣지나 않을까?' 하고 의심하며 꼬치꼬치 캐묻거나 야단을 치게 된다. '질문을 않는 아이'에 대한 라디오 방송을 듣게 되면 잠잠한 아이가 걱정이 되어 "너 이게 뭔지 아니?" 하며 공연한 질문으로 아이를 괴롭히기도 한다. 자녀 문제라면 이렇듯 선무당이 되어버리거나 걱정으로 일관하는 것이 어머니들의 특징인 것 같다.

하기야 어머니들만 그런 것은 아니다. 유아 교육 전공자들도 다 이러한 단계를 거친다. 내가 유아 교육을 공부하기 시작했을 때도 어설프게나마 배운 지식에 내 행동을 비춰보니, 이 세상에 나같이 문제투성이인 사람이 없음을 깨닫고 얼마나 고민했는지…… 선생님이 질문을 하면 손도 들기 전에 가슴이 뛰어서 당황하던 일, 친구들과 폭넓게 사귀지 못하고 움츠러들던 일, 물건을 고르지 못할 정도로 결정 능력이 없던 성격 등. 그러나 40년 동안 유아교육을 전공하고, 가르치고, 공부해 오는 동안 한 가지 터득한 진리가 있다.

'영원한 문제아는 없다.'

정상아도 문제행동을 보일 수 있다. 말썽꾸러기도 정상아로 돌아가는 계기가 반드시 있다. 게르스텐은 5년간의 연구를 통해(1976년), 적어도 10대까지

정서적 안정성 ↔ 정서적 불안정성, 내향성 ↔ 외향성을 두 축으로 하여
사람들에게 나타날 수 있는 행동의 경향성을 분류하고 있다.

는 문제행동이 고정화되지 않기 때문에 아이들을 '문제아'로 낙인찍지 말라
고 경고했다(초기 청년기에 반사회적, 범죄적 성향을 보인 사람은 나이가 더 들어도
계속 범죄 관련 행동을 하는 경향이 있지만, 10세 이전에 반사회적 행동을 보인 아이
는 청소년이 되어도 반드시 범죄를 저지르지는 않기 때문이다).

'문제아' 라고 부르면 '나는 너에게 문제밖에 기대할 것이 없다' 고 메시지를 주는 것이고, 아이들은 '내가 아무리 애써봤자 부모가 기대도 않는데 될 대로 되라' 는 식으로 행동한다는 것이다.

문제행동을 말하는 이유는 '예비범죄자' 딱지를 붙이자는 것이 아니라 '어떤 방향으로 도와주어야 할까?' 를 명확히 하자는 데 있다. 목적지를 결정했다면 지드를 정확히 읽고 현재의 위치를 알아야 하는 것과 같은 이치일 뿐이다.

그림에서 볼 수 있듯이 백커와 크루그는 연구를 통해 정상과 비정상, 문제행동고- 정상 행동의 차이가 뚜렷이 구분되는 것이 아님을 밝혔다.

조용한 성품의 정도가 지나쳐서 무엇이든지 속으로만 집어넣고 도통 말을 안 하게 되면 자기 생각은 없이 다른 사람의 말에 무조건 복종하거나 남을 불신하는 등 인성적 문제를 보일 수 있고, 외향적 성격이 지나치면 고집이 세거나 다른 사람을 거부하는 행동을 보이게 된다. 그러나 외향성이 적당히 나타나면 자기의 주장을 분명하게 이야기할 수 있다. 부모는 아이의 문제행동의 정도를 약화시켜 사교성, 애정성, 자기 확신성 등을 갖도록 도와주어야 한다.

부모의 과잉 기대가 인성을 파괴한다

아동 발달, 부모 교육에 대한 글이나 방송들을 듣다보면, 마치 모든 문제가 부모에게서만 비롯되는 것 같은 인상을 받기도 한다. 하지만 정확히 말하면 아이들이 갖고 있는 기질이 부모와 맞지 않아서 문제가 생기는 경우도 많다. 부모에게 문제가 있다고 하는 이유는 아이보다는 부모가 먼저 변화하여 아이를 이해하고 도울 때 아이의 문제행동도 쉽게 바뀌기 때문이다.

문제 없는 자녀를 낳아 기를 수 있다면 얼마나 좋을까? 그러나 사람은 어떤 형태이든 문제를 갖기 마련이다. 키가 너무 커서, 혹은 작아서, 뚱뚱하거나 말라서, 너무 똑똑하거나 반대로 머리가 좋지 않아서, 정서적으로 불안해서 등 정도의 차이는 있지만 누구나 다 고민은 있다.

이렇듯 이미 잠재된 문제들이 환경에 따라 가벼워질 수도, 심각해질 수도 있다. 지적으로 우수하지 못한 아이의 예를 보자. 자식이 공부 잘하기를 바라는 것은 모든 부모의 소망이지만, 아이 자신도 학급에서 공부를 잘해 인정받고 싶어한다. 그런데 부모는 이런 마음도 몰라주고 호통만 친다.

"아니, 해주는 밥 먹고 공부만 하는데 왜 못하니?"

"다음에는 시험에서 틀린 문제 수만큼 때려 줄 거야."

"용돈을 깎을 테다."

부모로부터 이런 식의 말을 들은 아이의 내면에는 어떤 변화가 일어나게

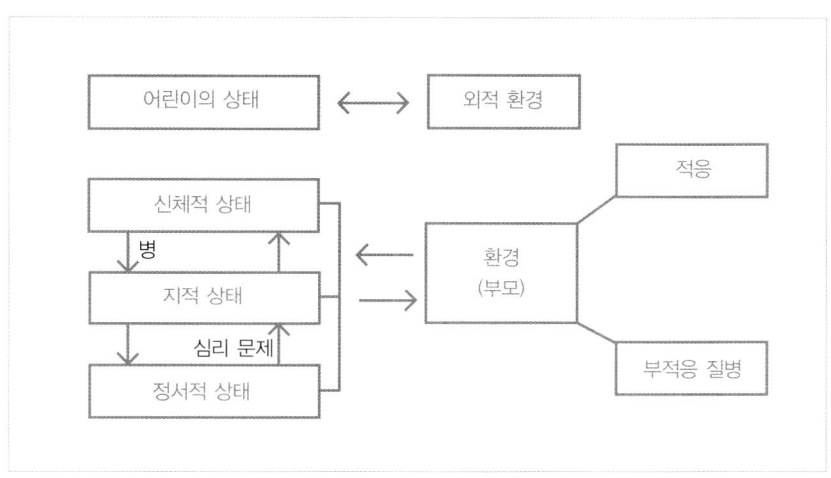

될까? 부모의 과잉 기대에 부응하지 못해 두통, 배앓이, 오줌싸기, 천식, 알레르기 등 신체적 병을 일으킬 수 있다. 또한 이러한 문제들이 성품의 내면으로 파고 들어가 인성 문제를 일으킬 수도 있다. 이런 아이들의 문제는 다시 부모의 기대, 욕구, 체면을 손상시키며 악순환되어 문제를 더욱 심각하게 만든다. 나중에는 아이의 신체적인 병이 문제인지, 지적 능력의 제한성을 부모가 이해하지 못했기 때문인지 원인을 파악하기도 어렵다.

신체적인 약점이 있는 경우도 마찬가지다. 목이 지나치게 길었던 나는 늘 어깨를 움츠리고 다녔다. 사람들이 나를 쳐다보면 '목을 보는구나.' 하는 자의식에 빠졌고 이런 신체적인 약점은 정서·인성 발달에도 부정적인 영향을 주어, 수줍고 퇴행적인 성품이 내면에 자리잡게 되었다. 대학에 들어가 스스로 자아 분석을 할 수 있게 되면서부터 목이 긴 것이 흉이 될 수 없다는 사실을 깨닫게 되었고, 그 순간부터 인성도 달라지기 시작했던 것을 지금도 기억한다.

"전 목이 긴 게 특징이에요. 그래서 목을 감싸는 옷이나 스카프를 두르는 것을 좋아하지요."

이처럼 자신 있게 말할 수 있게 되었을 때부터 마음의 안정도 느낄 수 있었다. 이런 문제의 원인들을 보면서 부모들이 할 수 있는 일은 무엇일까? 이해의 폭을 넓히고 기대 수준을 낮추는 것이다. 만일 뚱뚱한 아이를 둔 부모라면 "애, 그만 좀 먹어. 더 뚱뚱해질라. 뚱뚱하면 보기 싫잖니." 하는 말을 자주 하여 날씬한 아이를 기대한다는 메시지를 보내는 대신, 뚱뚱하거나 마른 것은 엄마의 사랑에 문제가 안 된다고 생각하며 이해의 폭을 넓히는 것이 어떨까?

그림에서 볼 수 있듯이 부모의 과잉 욕심은 심신증을 발생시키거나 학업에 실패하게 만들고, 성격도 이상한 방향으로 발달하게 한다. 이와 같은 발달장애를 해결하는 가장 첫 단계는 뚱뚱한 자녀를 둔 부모가 이를 문제 삼지 않는 것이다. 그림의 (다)와 같이 수용성을 갖고 아이와 대화하면 된다.

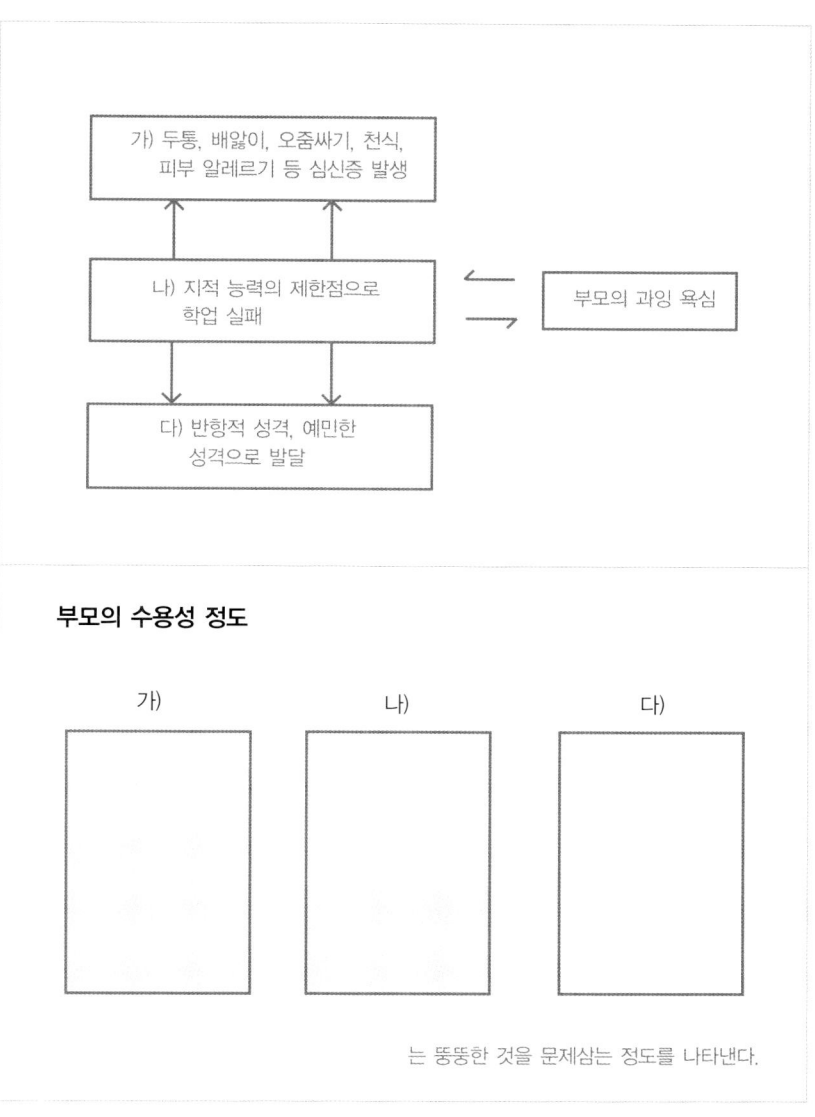

가) 두통, 배앓이, 오줌싸기, 천식,
피부 알레르기 등 심신증 발생

나) 지적 능력의 제한점으로
학업 실패

부모의 과잉 욕심

다) 반항적 성격, 예민한
성격으로 발달

부모의 수용성 정도

가)   나)   다)

는 뚱뚱한 것을 문제삼는 정도를 나타낸다.

웬만한 일은 다 이해하자

문제행동을 보이는 아이들을 변화시키기 힘든 이유는, 부모가 원인을 아이에게서만 찾기 때문이다. 이런 부모들은 문제의 원인을 아이에게 돌리고 그 행동 자체만을 고쳐주려는 게 보통이다.

"자기가 똑똑치 못해서 그렇지……."

"저 앤 왜 저렇게 손가락을 빨지? 정말 못 견디겠어!"

문제행동의 원인이 아이에게 있다 해도 이에 대한 부모의 반응을 바꾸어보자. 이해의 폭을 넓히고 기대 수준을 낮추어 "문제 풀기가 어려운가보구나.", "손가락 대신 오징어를 씹어보자." 하면 어떨까?

이해의 폭을 넓히려면 '바람직한 행동'이라고 우리 자신이 굳게 믿고 있는 기준을 다시 검토해볼 필요가 있다. 잠자는 시간의 경우, 한국 어머니들은 아이들이 10시나 11시가 되어 잠을 자도 문제 삼지 않는다. 오히려 이 다음에 커서 늦게까지 공부하겠구나 하고 내심 좋아하는 경우도 있다. 그런데 서양의 어머니들은 해가 있건 없건 7시만 되면 '굿나잇 키스'를 하고 아이를 침실로 보낸다.

반면 학교에서 일등을 하거나 만점을 받는 일에 영국 어머니들은 큰 의미를 두지 않는다. 영국에서는 보통 과정(Ordinary level) 시험, 상급 과정(Advanced level) 시험 등 두 번의 대학입학 예비고사가 있어서 부모들의 관심이 성적에 쏠리는 것은 사실이지만, 한국 어머니들이 학교 성적에 대해(심지어는 초등 학교 1학년부터) 신경질적인 반응을 보이는 것과는 대조를 이룬다.

무엇이 진정 바람직한 행동일까? 사회마다 문화에 따라 행동의 기준이 달라지기 때문에 절대적 가치를 부여할 필요는 없겠지만 한 번쯤 생각해보아야 할 것이다. 아이의 인성, 정서적 행복이나 안정을 파괴하지 않고 사회적으로 용납되는 행동을 할 수 있다면 바람직한 것이 아닐까.

그러니 웬만한 일들은 받아들이도록 노력해보자.

"얘, 어제 새로 산 옷 입지, 왜 그 옷을 입니?"

"금방 입은 옷을 더럽히면 어떡해?"

"밥 좀 더 먹어."

"책은 왜 여기다 놓니?"

"놀잇감 안 치우면 이젠 다시 안 사줄 거야."

이런 잔소리만 줄여도 많은 문제행동들이 줄어든다.

이렇게 부모들의 이해의 폭을 넓히기 위해 추상적이기는 하지만 다음의 제안을 하고 싶다.

자기 자신을 사랑하자

자기 자신을 사랑하고 용납할 수 있는 사람은 다른 사람도 사랑하고 용납할 수 있다. 자신의 생활 방식에 성취감을 느끼는 부모들은 어떤 욕구를 자식을 통해 채우려고 자녀들을 채찍질하지 않는다.

따라서 나 자신의 생활 태도, 일, 주변을 정리해보면서 '나'라는 사람은 한

번밖에 없는 생을 제대로 살고 있는가 먼저 파악하고, 나 자신이 나를 용납할 수 있는 수준으로 끌어올리자. 그래서 자식에 대한 욕심을 버려 보자.

자식에 대한 개념을 바꾸자

많은 사람들이 딸보다 아들을 좋아하는 이유는? '우리 종손', '장손', '맏상제' 라는 호칭을 붙이며 아들의 머리를 대견스럽게 쓰다듬는 아빠들을 보면 '값진 걸 소유하셨군요.' 라고 비꼬아주고 싶다.

이미 많은 사례들이 증명하고 있지만 자식은 부모의 소유물이 아니다. '내 아이' 라며 아이에게 지나친 기대를 해서 문제행동을 조장하지 말자.

비난은 no! 상황을 설명하라

주말이면 더 피곤하다는 주부가 많다. 주말에는 쉬어야겠다는 아빠들과 아이들의 실랑이로 집안이 어수선하다는 것이다. 주중 내내 아이들과 씨름하는 것도 힘겨운데, 거기에 아이들과 신경전을 벌이는 남편의 눈치까지 살펴야 하는 아내들이 우리 주위에 얼마나 많은가. 아빠의 입장도 이해가 되고 엄마의 입장 또한 쉽지 않음을 알고도 남는다.

그런데 아이들은 어떨까? 양쪽 부모로부터 수십 번씩 잔소리를 들어야 하니 아이들도 쉽지는 않을 것이다. 우리 스스로가 그만한 나이 때 부모님의 걱정을 듣던 것을 기억해보면 금방 공감할 것이다. '빨리 자라서 잔소리를 듣지 말아야지.', '만날 똑같은 소릴 자꾸⋯⋯.', '왜 나만 잘못한다는 걸까?' 등 생각을 어렸을 때 안 해본 사람이 있을까? 분명히 그것은 즐거운 일이 못 되었건만 어느새 잊어버리고 똑같은 잔소리꾼이 되어버린 것은 웬일일까?

어른들도 마찬가지이지만 특히 아이들은 '너는⋯⋯' 하는 식의 비난을 받게 되면 속상해져서 도리어 반대로 나가려 한다. 그렇게 되면 '이것은⋯⋯' 하는 식으로 문제 해결에 필요한 일들을 이야기할 기회조차 잃게 된다.

비난 대신 문제를 설명해주면 아이들은 쉽게 주의를 집중할 수 있다. 자신을 나무라지 않는 부모에게 문제 해결에 대한 자신의 생각도 이야기할 마음

● 상황을 설명하는 부모

● 무조건 나무라는 부모

을 갖게 된다.

문지의 상태를 설명할 때 한 가지 조심할 일은 빈정대거나 애정 없이 이야기하지 않는 일이다. 예를 들어 아버지가 문 앞에 서 있는데 아이가 문을 열어 놓은 채 뛰어들어왔다고 하자. 그 때 만일 아버지가 심각한 어조로 "왜 문을 안 닫아?" 하며 힐난하듯이 말하면 아이는 "아버지가 닫으시면 안 돼요?" 하고 반문하거나 아니면 아예 발로 문을 꽝 차서 닫을 가능성이 있다. 그러나 "문 좀 닫아줄래? 춥다."라고 상황을 설명하면 순순히 문을 닫을 것이다.

가정에서 아이들이 일으키는 문제들은 대부분 생활의 과정에서 발생하는 것이다. 사소한 일상 생활의 문제들을 합리적이고 객관적으로 해결해낼 수 있는 능력이 길러지면, 작은 문제로 소리지르며 싸우거나 소동을 일으키는 일이 줄어들 것이다.

정보를 알려주되 반복을 피한다

상황을 설명해주는 것에서 한걸음 더 나아가, 이에 관련된 정보를 제공하는 것도 필요하다. 아이들은 자신이 일을 제대로 처리하지 않을 경우 어떤 결과가 일어나는지를 알게 되고, 이것은 일생을 살아가는 데 필요한 정보 획득 기술을 익히는 중요한 계기를 마련해주기 때문이다.

이렇듯 중요한 기술 획득을 위해 부모들이 하는 역할은 매우 크다. 그리고 사실 대부분의 부모들이 정보 제공을 제대로 하고 있다. 그러나 늘 문제가 되는 것은 정보 제공 후에 끝마무리로 하는 말들이다.

"……, 바보."

"……, 못됐어."

"……, 넌 어쩔 수 없는 애야."

"……, 포기했어."

"……, 형편없다니까."

"……, 그러다 대학 떨어진다."

이런 말을 들으면 아이들은 '흥, 늘 날 바보나 멍청이로 생각한다니까.', '난 역시 안 돼.' 하는 부정적인 생각을 품는다. 인신 공격을 피하고 단지 정보를 제공하는 것으로 그치자.

문제행동이 반복된다면 같은 정보를 주는 일은 피해야 한다. 반복된 훈계를 아이들은 잔소리로밖에 듣지 않기 때문에 부모로서의 권위도 서지 않을 뿐더러 문제행동도 고칠 수 없다. 아이도 '누가 그걸 모르나 뭐.' 하며 반항하게 될 것이다.

자신에 대해 쏟아지는 비평을 받아들이기보다 정보를 받아들이는 것이 더 쉬운 것은 당연하다. 아린이들은 보통 정보를 받았다면 그 다음에 어떻게 행동해야 좋을지 알게 된다. 비평적인 꼬리말을 떼고 정보를 제공해주면 자녀들의 많은 문제행동을 줄일 수 있다.

학생들은 자기들끼리 은어를 만들어 쓰는 재주가 있다. 내가 대학에 다닐 때는 '황혼연설'이라는 은어가 있었다. 귀가 시간이 늦거나 하면 으레 부모님께 불려가 한참 동안, 심할 때는 한 시간도 더 꿇어앉아 이야기를 들어야 했는데, 우리끼리 이것을 '황혼연설'이라고 불렀다. "어젯밤에 늦게 들어가서 부모님께 꾸지람을 들었어." 하고 길게 이야기하기보다 "어제 황혼연설 들었어." 하면 다들 "아이고, 그 잔소리." 하고 대번에 알아듣곤 했었다.

부모가 되고보니 부모님들께서 '황혼연설' 하실 수밖에 없던 이유를 알게 되었다. 자녀들이 하는 행동이 안쓰러워, 걱정이 돼서, 더 잘 되라고 잔소리를 하는 경우가 주름살과 함께 늘어났다. 그러나 안타깝게도 마음과는 달리 황혼연설은 효과가 없다. 잔소리, 설교식 해명, 긴 설명을 아이들은 싫어한다. 좋은 뜻인 것을 알면서도 반발심이 생긴다.

그러기에 일깨워주는 말은 짧으면 짧을수록 좋다. 긴 설명 대신에 짧게 한마디로 주의를 주면, 아이들은 '왜?'라는 질문을 자신에게 던져 자기 나름대로 그 이유를 캐려고 애쓰게 된다. 비록 "엄마, 미안해요."라고 사과는 하지 않더라도 '맞아, 내가 그 부분에서 잘못했구나.'라고 생각해보는 것이다.

그러나 매번 강조하지만 모든 경우에 이런 방법이 맞는 것은 아니다. 언어를 한참 습득하는 어린 아기가 "맘마" 했을 때 어머니가 단지 "맘마 여기 있

어."라고만 하면 음식에 대한 어휘 획득이 늦어진다. "배가 고픈 모양이구나. 우리 밥 먹을까? 불고기하고 김치도 줄게." 하고 다양하게 반응해주어야 '맘 마'라는 자기 어휘 대신에 '밥, 김치, 불고기'라는 어휘를 익혀갈 것이다.

쪽지

무얼 쓴다는 것을 무척 쑥스러워하는데다 같은 지역에 살았던 이유로, 그 사람과 오래 연애를 하면서도 편지 한 통 받지 못한 게 늘 아쉽던 유학 시절이었다. 어느 날 수업을 받고 집에 돌아오니 냉장고에 쪽지가 붙어 있었다.

'영! 오늘 컴퓨터실 가느라 늦겠소. 먼저 먹어요. 현.'

말을 전해줄 사람이 없는 미국 생활이어서 쪽지를 쓸 수밖에 없었겠지만 은근한 사랑과 배려가 깃든 것 같아 즐거웠던 기억이 난다.

대부분의 아이들은 쪽지 받는 것을 즐거워한다. 특히 유치원 다니는 아이나 초등 학교 아이들은 쪽지를 받으면 펄쩍 뛸 듯이 기뻐한다. 이것을 계기로 글자에 대한 흥미도 일어난다. 엄마에게 답장을 쓰려고 끄적거리거나 그림을 그려보기도 하는데, 이것이 글자를 쓰게 되는 시작이다.

주머니에 연필과 메모지를 갖고 다니다가 필요한 것을 써주면 손쉽다. 쓰는 문화가 발달된 미국이나 영국과 달리 우리 나라는 구전문화가 이어져 왔기 때문에 쪽지를 쓰는 일이 쉽지 않지만 한 번쯤 사용해볼 만한 방법이다.

시간제로 대학 강의를 받던 미국의 어느 주부학생이 엉겁결에 20명의 급우들을 즉석에서 초대하게 되었다. 급히 집에 돌아와보니 두어 시간 동안에 도저히 치울 수 없을 정도로 집 안이 엉망이었다. 자녀들이 학교에서 돌아올 시간인데 그들의 말이나 요구는 하나도 못 들어줄 게 뻔하고, 신경이 곤두서

서 설명할 시간도 없기에 얼른 큰 종이에 메모를 쓰기로 했다.

쪽지를 써서 종이 양 끝에 구멍을 뚫고 끈을 매서 목에다 걸었다. 그러고는 미친듯이 이곳 저곳을 치우기 시작했다. 학교에서 돌아온 아이들은 엄마 목에 걸린 쪽지를 읽더니 말 한 마디없이 자기 잠자리를 깨끗이 정리했을 뿐 아니라 엄마의 방까지 치워주었다고 한다. 대여의자를 배달하러 왔던 남자까지도 이 쪽지를 보더니 "가만히 계세요. 자리만 일러주시면 제가 놓아드리겠습니다." 했다는 것이다.

쪽지를 다양하게 게임처럼 활용해보자. 정신없이 놀이에 열중한 아이에게 "당장 그만두지 않으면 놀잇감 다 뺏어버린다."고 엄포를 놓기보다 '이제 그만 씻고 잘 시간이지. 내일 재밌게 놀자. 사랑하는 엄마가.' 라고 쓴 종이 비행기를 날려보면 어떨까?

대안을 제시하자

해방 후 우리 나라에 도입, 소개된 아동 중심 교육법, 즉 아이들의 욕구나 필요에 갖추어 키워야 한다는 교육 방법을, '아이들이 하고 싶은 대로 내버려 두는 것'으로 잘못 이해하는 사람이 많다.

그러나 미국이나 영국 가정에서 아이들을 기르는 것을 보면, 아이들이 해야 할 일과 하지 말아야 할 일에 대한 기준이 명확하다. 하지 말아야 할 일을 했을 때 그냥 모르는 척하거나 어리니까 봐주는 일은 절대 없다. 물론 모든 미국인, 영국인들이 아이를 잘 기르는 것은 아니지만 다른 사람에게 폐를 끼치지 않는 버릇을 엄격하게 가르치는 가정이 많다는 뜻이다.

그렇다고 큰 소리로 야단을 치거나 매를 드는 일도 없다. 낮은 소리지만 표정은 엄숙하게 "안 돼.", "그렇게 하면 못써."라는 말로 행동을 통제하고 조정한다. 이렇게 말로 했을 때 듣지 않으면 각 가정마다 그 다음 단계로 쓰는 방법이 있다. 일 주일치 용돈을 주지 않는다든지, 저녁을 굶고 자게 한다든지, 가족이 함께 즐기기로 한 활동에 참여시켜주지 않는 등 아이의 행동 정도에 따라서 논리적 귀결을 경험하게 한다. 자기의 행동이 다른 사람을 방해했다거나 폐를 끼쳤을 때, 또 잘못된 행동을 했을 때, 본인에게도 좋지 않은 일이 일어난다는 것을 경험하게 하는 것이다.

어느 어머니가 상담을 해온 적이 있다. 세 살배기 아이가 핸드백이나 지갑을 보면 마음대로 열어서 돈을 모두 꺼낸다는 것이었다. 처음에는 엄마 것만 열었는데 지금은 여자 손님만 오면 어느새 손님들의 핸드백을 열어서 돈을 다 섞어 놓는다는 것이었다.

그 어머니와 이야기를 나누어보니 그런 버릇은 다름 아닌 그녀 자신에 의해 조장되었음을 알게 되었다. 아이들 또래도 비슷하고 해서 친해진 동네 분이 있었는데 아이들과 함께 서로 놀러 오가는 때가 많았단다. 보통 때는 이야기를 못할 정도로 귀찮게 하는데, 아이들이 돈을 꺼내 놀 때에는 조용해서 그냥 내버려 두었다고 한다. '돈을 갖고 노는 동안이라도 시끄럽게 하지 마라.' 하는 마음이었단다. 나중에 아이는 슈퍼마켓에 가서도 과자를 마음대로 뜯어먹고 주머니에도 넣어 온다고 했다. 해야 할 일과 하지 말아야 할 일, 내 것과 남의 것, 우리 모두의 것(공공물)에 대한 개념이 성립되지 못한 이 아이의 장래가 무척 걱정되었다.

남의 소유물에 대한 개념이 없으면 도벽 있는 어린이로 성장할 가능성이 많다. 아무리 사소한 것이라도 남의 물건을 가져오려 하면 즉시 "그것은 이 댁 물건이니까 놓고 가야 한다."라고 말해야 한다. 떼를 쓰거나 울어도, 남들 앞에서 체면이 깎인다 해도 "한 번 안 되는 것은 절대 안 된다."고 확실히 못 박아야 한다.

아이들은 추상적 개념을 설명해주어도 이를 이해하지 못한다. 따라서 어떤 상황이 일어날 때마다 그 상황을 놓치지 말고 일러주도록 한다. '아직 어린데 뭘 알려고,' '이 다음에 크면 고쳐지겠지' 하는 안일한 생각으로 내버려 두면 나중에는 정말 손을 쓸 수 없게 된다.

● **잘못을 만회할 수 있는 방법을 알려주는 부모**

● **대안 없이 감정적으로 대응하는 부모**

화초를 길러본 사람들은 누구나 경험하는 일이지만, 떡잎일 때 생긴 바늘 구멍만한 상처는 처음에는 잘 보이지 않지만 그 잎이 자랄수록 점점 커지고 추해진다. 아이의 나쁜 버릇도 이와 비슷한 결과를 초래할 것이다.

"안 돼.", "하지 마."라고 말하는 것을 두려워하지 말자. 어린이가 부산스럽게 행동하거나 타인에게 방해를 줄 때 다른 방법을 먼저 제시하자.

"과일 좀 갖다주겠니?"

"라면 다섯 개만 가져다주면 고맙겠다."

그리고 어머니의 기분에 따라 이랬다 저랬다 하지 말고 일관성을 가지고 대해야 한다. 잘못된 행동을 찬성할 수 없다는 것을 인신 공격이 아닌 진지한 태도로 전달하는 것이다.

성경의 잠언에서 '아이들에게 마땅히 가르칠 바를 가르쳐야 한다.'는 구절이 늘 기억난다. 엄마 품에서 행동 조정을 하는 것이 유치장이나 감옥에서 하는 것보다 낫다. 아이가 바람직하지 못한 행동을 처음으로 하는 그 순간에 "안 돼. 하지 마." 하고 단호하게 말해주고, 그 다음에 그런 행동을 할 때마다 "안 돼."를 반복하자. 일단 나쁜 버릇이 습관이 되어버린 후에는 고치기 힘들다.

네 선택에 책임져라

대안을 주었어도 계속 문제를 일으킨다면 아이에게 다른 기회를 주어 선택을 하게 한다. '생각해볼 기회를 주었는데도 제대로 행동하지 못했기 때문에, 행동 반경을 부모가 결정하겠다'는 의지를 보이는 것이다.

"조용히 하든지, 아니면 네 방에 가 있어라."

"동생하고 잘 놀든지, 나가 놀든지 해라."

1단계 : 스스로 자유롭게 해볼 수 있는 것을 권한다.

"네가 해보겠니?"

"여기 물감, 찰흙, 가위, 종이가 있단다. 하고 싶은 것을 하렴."

2단계 : 자유를 주었음에도 불구하고 계속해서 말썽을 피우면 제약을 준다.

"네 행동에 찬성할 수 없구나."

아이를 똑바로 쳐다보며 고개를 좌우로 흔들어주든지, 평소 부를 때와 다른 어조, 어휘, 문장을 써서 부른다. 우리 집의 경우 보통 때는 "유진아" 하고 다정하게 부르지만, 지금 화가 났다는 것을 표현할 때에는 무뚝뚝한 억양으로 엄하게 "이유진" 하고 부른다. 그러면 아이는 엄마가 화났다는 것을 전달받게 된다. 그 밖에도 내가 화났을 때에는 입 모양이 다물어지는 것을 보아 알 수 있기 때문에 '조심해야 한다'는 것이 딸들의 표현이다.

3단계 : 선택을 하게 한다. 행동 반경을 아주 좁혀주는 것이다.

4단계 : 벌 대신 행동을 결정해준다.

큰 소리를 지르거나 아이를 손으로 왈칵 때려서는 안 된다. 목소리는 되도록 차분히, 낮게 해서 "네 방에 가 있거라.", "저 의자에 가 앉거라."라고 하면 더 효과가 있다.

반드시 아이가 논리적 귀결을 경험하게 해야 한다. 슈퍼마켓에서 자꾸 뛰어다녀서 '얌전히 행동하지 않으면 저녁밥을 굶게 될 것이라고 경고를 했는데도 아이가 계속 소란스럽게 굴었다면, 아이가 아무리 떼를 써도 그 말을 지켜야 한다. 기회를 주었음에도 불구하고 책임 있는 행동을 못했을 때에는 반드시 대가가 따른다는 것을 경험하게 해야 한다.

봐주는 것이 미덕이 아니다

미국 유학 시절, 이사한 뒤에도 전 주소로 배달된 나의 편지를 소중히 간직했다가 전해주던 전 주인의 세심함에 감탄한 적이 있다. 팔순이신 은사님이 20년 전 드렸던 사진을 돌려주시며 "네가 임자이니 가져가라."라고 하시던 일도 감동적이었다. 작은 일에도 최선을 다하고 행하는 이런 책임감은 어린 시절 가정에서부터 길러진다.

"엄마, 손톱깎이 어디 있어요?"

"엄마, 양말 어디 있어요?"

물건을 쓴 후에 반드시 제자리에 갖다 놓으라고 해도 쇠귀에 경 읽기인 경우가 많다. '크면 이런 버릇이 자연히 없어지겠지' 하는 부모의 안일한 생각이 이를 더 부채질하기도 하고 또는 아예 부모 자신이 '남에게 빌린 물건은 아무리 사소한 것이라도 꼭 돌려주어야 한다.'는 책임감을 교육받지 못했기 때문이기도 하다.

빌려갈 때는 "바로 돌려드릴게요." 하고서 일 년이 지나도 이 년이 지나도 영 돌려주지 않는 우리 문화. 꼭 필요한 것이니까 돌려달라고 말하려면 쩨쩨하네, 융통성이 없네, 야박하네 따위의 소리를 듣지나 않을까 하는 걱정이 앞선다. 대강 넘어가는 것이 미덕이라고 생각하는 문화 때문일 것이다.

책임감, 독립심, 의사결정 능력은 현대를 살아가는 사람들에게 반드시 필요한 특성이다. 이런 특성들은 어려서부터 일상 생활 속에서 부모들의 태도를 통해 배우게 된다.

대개 우리 나라의 부모들은 합리적으로 차근차근 이야기하기보다는 "어유, 속상해. 다시는 쓰게 하나봐라. 너 같은 애는 처음 봤어." 하며 속상한 마음을 말로 퍼부어대고 만다. 합리적인 부모라면 무엇을 기대했는지 이야기한 후에 지금까지의 실수를 어떻게 만회할 것인지 대안을 제시해줄 것이다. 아이를 가르칠 좋은 기회로 삼아 책임 없는 행동에 대해 단호하게 대처하는 모습을 보여줘야 한다.

● 부모 자신의 감정을 표현

● 기대하는 것을 전달

● 대안을 제시

● 실수를 반복하면 선택의 기회를 제한

● 책임지게 하기

아이는 실수할 권리가 있다

'어떻게 해서든지 이 일을 나 혼자 해서 칭찬을 받아야지.'

'우리 엄마가 내가 한 걸 보고 좋다고 하실까?'

'혹시 야단맞으면 어쩌지? 아예 보이지 말아야지.'

사람에게는 누구나 다른 사람들에게 인정받고 싶은 심리가 있다. 모르긴 해도 대부분의 어른들은 우리 자녀들처럼 이런 바람을 가져보고, 기쁨이나 실망을 느꼈던 경험이 있을 것이다.

"어유, 그것도 못 하니? 이리 내. 내가 해줄 테니까."

"나 같으면 5분에 해치우겠다."

"이 다음에나 해라."

칭찬을 받으려고 무언가를 열심히 하고 있을 때 이런 말을 듣거나 무시당하면, 다음부터는 아예 시도하지도 않게 된다. 실수 없는 사람이 어디 있는가? 실수를 하지 않는 것보다 웃으며 더욱 분발하는 용기가 더 소중하다.

그러려면 부모들이 아이의 노력을 존중하는 태도를 보여야 한다. 끙끙대며 혼자 힘으로 일을 해결하려는 아이에게 비난하거나 무시하는 말을 하지 말고, 아이의 실패에 공감하는 태도를 보여주자. '네 노력을 알고 있어.', '노력하는 모습이 기특하구나.', '네가 끝낼 때까지 기다리도록 하마.' 하는 의미가 담긴 말을 듣게 될 때 아이들은 젖 먹던 힘까지 동원해서 스스로 해보려는 용

기를 갖게 되고, 아울러 혼자 힘으로 일을 끝내려는 책임감도 갖게 된다.

끙끙대며 병 뚜껑을 혼자 힘으로 열어보려는 자녀를 보며 '병이 깨지지 않을까?', '흘리면 어쩌나?', '어린 게 뭘 하려고. 내가 하는 게 낫지.' 하는 생각 때문에 "이리 내, 엄마가 열어줄게." 하고 말하고 싶은 충동을 꾹 참자. 대신 혼자 하려는 마음에 관심과 칭찬을 보여주고 보탬이 될 만한 제안을 해주자.

아이에게 분수를 가르치는 아버지는 혹시 속으로 '아이에게 부모가 이만큼 실력이 있다는 걸 보여줘야 신뢰감이 생길 거야.' 라고 생각했는지 모른다. 그러나 아이는 '해봤자지 뭐. 내가 아빠를 따라갈 수 있나. 아예 포기해버려야지.' 하는 생각을 하게 된다.

아이들에게 실수할 기회를 주자. 실수에 눌려 가만히 수동적으로 앉아 있기보다는 능동적으로 탐색하고 노력하는 아이로 키우자. 능동적으로 생을 이끌어갈 수 있는 아이는 문제아가 될 수 없다.

질문이 너무 많아

'아이가 대답을 안 해서', '도통 말문을 열지 않아' 걱정인 어머니가 의외로 많다. 질문을 해도 못 들은 척하며 대답을 하지 않으니, 어떻게 아이의 말문을 트이게 할 수 있느냐는 것이다.

혹시 어른들의 질문이 너무 많아서 아예 입을 다물기로 한 것은 아닐까? 어른들도 마찬가지겠지만 아이들은 자신에 대한 질문을 많이 받게 되면 거부하고 싶어진다. 그래서 어떤 경우에는 일부러 틀린 대답을 할 때도 있다. 자기 생각이 따로 있다는 것을 표시하려는 듯이.

하지만 자기가 말하고 싶을 때에는 조금도 쉬지 않고 이야기한다. 도리어 그치지 않아 걱정일 때도 있다. 그래서 아이들, 특히 10대 자녀들의 말문을 여는 데는 '동기 유발'이 제일 중요하다.

학교에서 돌아오는 아이에게 다짜고짜 질문을 해대면 아이는 '왜 이렇게 귀찮게 하지?' 하고 생각할 것이다. "얘야, 잘 다녀왔니?" 하는 간단한 말로 맞아주면 자녀는 마음에 융통성을 갖게 될 것이다. 만일 자녀가 '이건 나 혼자 생각해서 해결하겠다.' 하면서 부모에게 이야기를 걸어오지 않을 때라도 초조해할 필요는 없다. 시간을 주어야 한다. 아이들은 속상한 일이 쌓이면 어디엔가 발산할 수밖에 없다. 누구에겐가 문제를 풀어 놓고 싶을 때, 자신을 있는 그대로 받아들여주고 강요하지 않는 부모를 옆에 두었다면 아이들이 어디로 가겠는가.

아이는 한 가지를 물었는데 부모는 '옳다, 이때구나!' 하는 태도로 서너 가지 이상의 대답을 하면서 지식을 주입하려고 하는 경우가 많다. '비는 어디서 와?' 하는 질문에 구름, 증발, 저기압, 홍수 등의 지식을 한꺼번에 주입하려고 하면, 이럴 때 아이는 그 지식들을 과중하게 느끼고 열등감에 빠지기도 한다.

항상 아이의 생각을 공감해주는 것부터 시작해야 한다.

"재미있는 질문이구나. 넌 어떻게 생각하니?"

자기의 생각을 존중해주는 이 반문에 아이는 스스럼없이 대답할 것이다.

"아빠, 비는 하느님의 오줌이고, 눈은 하느님 똥이야."

"그래, 비는 오줌처럼 액체이고, 눈은 똥처럼 고체로구나."

이렇게 응해보자. 대화가 점점 이어져서 비가 오는 것에 대해 더 깊이, 자연스럽게 가르쳐줄 수 있을 것이다.

어른이 주체가 되어 가르치는 것과 아이가 주체가 되어 배우는 것은 차이가 있다. 아이들이 주체가 될 때 그들은 '나도 할 수 있어요. 내가 생각해 낸 거예요.' 하는 자신감을 갖게 된다.

심지어 대학생도 마찬가지다. 내가 신이 나서 강의하는 것보다 미리 주제를 주고 학생들이 스스로 공부하게 한 후 토의할 때 자발적 학습이 이루어졌다. 강의를 마치고 나올 때면 '재미있다'는 이야기를 많이 듣게 된다.

칭찬은 어깨 너머로 흘린다

욱박지르거나 비평하며 아이의 자존심을 상하게 하는 어른보다는 아이의 권리와 존재를 인정해주는 어른이 있을 때 아이는 보다 잘 자란다. 과보호와는 다르다. 비료를 지나치게 주면 식물이 오히려 시들어버리듯이, 과보호는 의존적이고 자신감이 없는 아이로 만든다.

아이를 키우는 정서적 비료는 '인정'이다. 가정에서 인정을 받지 못한 아이는 소외감으로 외톨이라고 느끼고, 실제의 자기보다 과다한 인정(혹은 기대)을 받는 아이는 상대방을 신뢰하지 못하고 심한 경우 공격적이 되어간다.

과하지도 않고 부족하지도 않은 인정을 해주려면 아이의 행동을 잘 관찰해야 한다. 그래서 정말 칭찬받을 행동을 했을 때 그 행동에 근거해서 인정해준다 적기에 물을 뿌려줄 때 식물의 잎이 윤기와 싱싱함을 보이는 것처럼.

26개월일 때 동생을 본 다영이는, 처음엔 남동생에 대한 시샘이 심했다. 하지만 아기 기저귀를 들고 왔을 때 "다영이가 도와주어서 고맙다."라는 어른들의 말을 들으며 조금씩 남동생에 대한 질투를 극복해갔다.

행동이 일어날 때마다 칭찬이나 인정을 해주는 일도 효과가 있지만 어깨 너머로 듣게 하는 것도 대단히 효과가 있다. 어떤 의미에서는 더 큰 효과를 발휘하는지도 모른다. 왜냐하면 인간은 말 속의 의미를 파악하는 성향이 있기 때문이다. "언니처럼만 공부해라." 하는 말을 듣고 아이는 '나는 언니보다

뒤진다는 뜻을 이야기한 건가? 아니면 언니보다 더 잘하라는 말인가?' 하며 순간적으로 그 뜻을 판단하게 되는 것을 보면 알 수 있다. 어깨 너머로 하는 칭찬이란 이를 역으로 이용하는 것이다.

글자 쓰는 데 흥미를 느낀 다영이가 이 글자 저 글자를 혼자 힘으로 그려보곤 할 때였다. 어떤 것은 글자였지만 어떤 것은 낙서에 가까웠다. 그러나 이와 같은 그림 글자가 한글 깨우치는 전단계임을 알았기 때문에 칭찬해주고 계속 글자를 만들어보게 할 필요가 있었다. 나는 아이 엄마가 집으로 돌아오자 "글쎄, 오늘 다영이가 글자를 많이 만들었어. 이것 봐. 힘들어도 열심히 했어." 하며 이야기했다. 방 저쪽에서 놀고 있던 다영이의 얼굴에 미소와 자신감이 스쳐갔다.

인정해줄 만한 거리가 없나, 유심히 관찰하는 것을 몸에 익히자. 공부하는 일, 경쟁에서 이기는 일 등 지나치게 결과적인 일에만 신경쓰다보면 가장 기본이 되는 것, 즉 자신감, 신뢰감, 솔선성, 책임감 등이 길러질 수 있는 기회를 놓치게 된다. 일상 생활 속에서 부딪치는 사소한 일들이 모두 좋은 교육의 소재가 될 수 있다.

● 어깨 너머로 칭찬하기

오늘 진호가 엄마 힘들다고 설거지를
도와주지 뭐예요? 자기 방도 깨끗이
치우고 걸레질까지 해서 엄마를
도와주니 얼마나 고마운지 모르겠어요.

히히, 작은 일이었는데 엄마가
굉장히 좋아하시는구나.

오늘 성희가 얼마나 용감했는지
알아? 주사를 맞는 데 아프다고
칭얼대지 않고 씩씩하게
꾹 참더라고.

오늘 내가 잘했구나.
조금 아프긴 했지만 참는
다는 건 좋은 일이구나.

칭찬할 때를 놓치지 말라

'밤 한 되'를 앞에 두고 세상 사람은 두 부류로 나뉜다. 안 좋은 것부터 먹는 사람과 좋은 것부터 먹는 사람. 전자는 끝까지 나쁜 밤만 먹고, 후자는 끝까지 좋은 밤만 먹는 셈이다. 자신이 처한 상황을 긍정적으로 대처한 사람과 부정적으로 대처한 사람의 예이다.

이러한 생활 태도는 대인 관계에도 영향을 준다. "아니, 왜 그렇게 말랐어?", "바늘로 찔러도 피 한 방울 안 나게 생겼어." 등 말로 상대방의 약점만 꼬집어내는 사람과 "정말 단정하게 생겼구나."라고 장점으로 이끌어주는 사람.

단점만 이야기하고, 부정적으로 보는 사람 앞에서는 누구나 몸이 움츠러들고 자신감이 없어지며 실수도 잦다. 하지만 좋은 점을 이야기하고 인정해주면 아이는 책임감을 느끼고 더 잘하게 된다.

어른인 나도 나에게 긍정적으로 반응해주고, 나를 인정해주는 분들에게는 감사한 마음이 들지만 비난하거나 비평하는 사람은 피하게 된다. 그러니 아이들은 더욱 어른의 긍정적인 반응을 바란다. '파괴적인 아이', '불평이 심한 아이', '행동이 느린 아이', '칠칠치 못한 아이' 등 바람직하지 않은 행동을 주로 보이는 아이일지라도 가끔은 바람직한 행동을 할 때가 있다. 이때를 놓치지 않는 것이 중요하다.

물건을 잘 망가뜨리는 아이일지라도 온전하게 놔 둔 놀잇감이 있을 것이고, 물건을 잘 챙기지 못하는 아이일지라도 어른이 잃었던 물건을 찾아줄 수 있을 것이며, 늘 불평하고 울먹이던 아이일지라도 때로는 명확히 의사를 표현하는 때가 있을 것이다. 또 행동이 느린 유아도 반짝 새로운 사실을 알아낼 수 있을 것이고, 말썽이 많아 속을 썩이던 아이도 어느 때 한 번쯤은 책임 있는 행동을 할 것이다.

바람직한 행동을 할 때가 바로 교육할 최적의 순간이다. 이런 바람직한 행동을 부모가 좋아한다는 뜻을 분명히 전달해주면, 아이들은 부모의 인정을 받고 싶어서라도 그런 행동을 자주 하게 된다.

또 아이들이 바람직한 행동을 보일 때까지 수동적으로 기다리지 않고 부모들이 의도적으로 상황을 마련해주는 방법도 있다. 늘 말썽을 부리는 아이에게 개밥을 주라는 간단한 책임을 부여하는 일은, 아이에게 크게 부담을 주지 않으면서도 성취감을 맛보게 한다. 물건을 잘 잃어버리는 아이에게 "돈을 주머니에 넣는 것이 낫겠니? 지갑에 넣는 게 좋겠니?" 하고 물어본다면 돈을 넣는 장소를 명확히 알려주는 것과 함께 자기도 잘 기억해낼 수 있다는 경험을 하게 한다. 과자에 욕심이 많은 아이에게 간식을 친구들에게 나눠주는 역할을 맡기는 것도 좋을 것이다.

형제 싸움은 어느 집에서나 흔히 볼 수 있다. 부모들은 혹시 내가 아이들을 잘못 키우고 있지는 않은가 걱정을 하기도 하지만, 싸움은 성장해나가며 일어나는 정상적인 현상이다. 다만 부모는 형제 싸움을 예방하는 역할을 해주어야 한다. 모든 형제를 공정하게 대하고 한 사람 한 사람을 있는 그대로 사랑해주는 것이 필요하다.

문제행동, 유형별 분석

아이의 행동을 제지할 때는 이유를 밝혀준다.

과다 행동

과다 행동이란 지나칠 정도로 부산하게 움직이는 행동을 뜻한다. 객관적으로 관찰할 수 있는 부모라면 자녀의 행동이 정상적인 아이들보다 지나친지 그렇지 않은지 금세 알 수 있다. 집에서 알기 힘들다면, 또래들과 노는 모습을 관찰하면 알 수 있다.

그러나 모든 일에 열심이며 호기심, 탐구심이 많아서 행동의 양이 많은 활동적인 아이를 '과다 행동아'로 규정짓는 일은 피해야 한다. 과다 행동아의 행동은 방향성이나 목적성이 결여되어 있는 반면에, 활동적인 아이는 무슨 일이든 하고자 하는 목적이 뚜렷하며 일을 시작하면 끝맺음을 한다.

연구 결과에 의하면 두 돌에서 세 돌 사이에 활동량이 많고, 탐구심 및 지적 능력이 높을수록 활동량이 많다고 한다. 그 밖에 정신 연령이 심하게 낮은 아이들, 잔소리가 심한 부모 밑에서 자라거나 문화실조文化失調가 일어난 아이들도 활동량이 많은 것으로 나타났다.

원인 의견이 분분하지만 선천적 요인 때문에 그렇게 행동한다고 주장하는 이들이 많다. 즉 뇌에 물리적 충격이 가해졌다든가 약물에 의한 중독으로 태어날 때부터 뇌에 이상이 생길 경우, 아이들은 특별히 무슨 일을 해야겠다는 목적도 없이 부산하게 움직인다.

음식물도 하나의 원인일 수 있다고 한다. 인스턴트 식품이나 빵, 과자, 빙과에 쓰이는 식용색소나 방부제 등 화학 성분 때문이라는 것이다. 과일이나 채소류에 남아 있는 농약도 지적된다.

임신중 어머니의 신체적 상태, 정신적 상태, 복용한 약의 종류, 질병, 장기적이고 강한 심리적 압박감도 아이들의 과다 행동의 원인이 된다.

건전한 환경   건전한 환경 만들기는 태내에서부터 시작된다. 출산할 때 과다한 주사제를 사용하는 것도 주의해야 한다.

아기에게 영양분 섭취를 적절하게 해주고, 두뇌를 자극하는 놀이 활동을 해준다. 연령에 알맞는 놀잇감을 마련해주고, 함께 즐겁게 놀아준다든가, 아기 스스로 놀게 해주는 일은 아기들이 목적을 가지고 노는 방법을 배울 수 있게 한다.

쓸데없이 잔소리를 하지 않는 일도 과다 행동을 예방하는 길이다.

목적 의식을 보여주기   부모 자신이 무언가 일을 이루어야겠다는 목적을 갖고 열심히 노력하는 모습을 보여주는 것이 가장 좋다. "엄만 이걸 꼭 끝마쳐야겠어. 그 다음엔 좀 쉬어야겠다."라고 말한다면 아이들은, 일을 시작하면 끝마쳐야 한다는 목적 의식을 갖게 될 것이다.

적절한 언어 사용   자녀들은 놀이나 활동을 할 때 부모들이 쓰는 언어에 따라 목적 의식을 갖게 되기도 하고, 쉽게 포기하기도 한다. "이 일이 제대로 끝맺음되지 않았구나. 아빠가 좀 도와주마." 한다면 아이들은 일을 끝마쳐야 한다는 걸 배우게 된다. 또 아이가 하는 일이 제대로 되었을 때 그 순간을 포착하여 "야, 열심히 해냈구나."라고 칭찬해주고, 오랫동안 앉아서 애를 쓸 때는 "그렇게 오래 앉아 있으면 힘들 텐데 일을 끝냈으니 용하다."라고 말해주는 것도 아이의 목적 의식이나 주의 집중력을 길러주는 좋은 방법이다.

의존적 행동

의존적인 아이들은 자기 스스로 할 수 있는 일도 다른 사람으로부터 도움을 받으려 하고 끊임없이 애정이나 주의 집중을 받고자 한다. 애정·주의 집중·도움을 받기 위해 아이들은 울먹이거나 몸을 비비대는 등 의존적 행동을 보인다.

의존적 행동은 우리 나라 아이들에게 특히 많이 나타나는 행동이지만, 부모들은 깨닫지 못하는 경우가 많다. 부모들 자신이 의존성을 조장하는 양육 태도를 보이고 있기 때문이다. 오른쪽 표를 보면 사회 계층이 높을수록 아이에게 자율성을 보이고(A), 교육 정도 및 사회 계층이 낮을수록 어린이의 행동을 통제한다는 것을 알 수 있다(B).

의존적인 어린이들은 안 되는 일인 것을 뻔히 알면서도 "왜 안 돼요?" 하며 때를 부린다. 또 자신이 필요로 하거나 원하는 것이면 자기 힘으로 하려는 열성을 보여야 할 터인데도, 아무런 행동도 취하지 않고 누가 해주기만을 기다린다. 부모 형제에게 의존하는 버릇을 어려서부터 고쳐주지 않으면, 커서는 아내나 남편에게 의존하고, 늙어서는 자식에게 의존하여 문제를 해결하려 할 테니 어릴 때 버릇을 바로잡아주어야 한다.

원인은 부모 들러붙거나 아기처럼 구는 것을 귀엽다며 그대로 방치할 경우

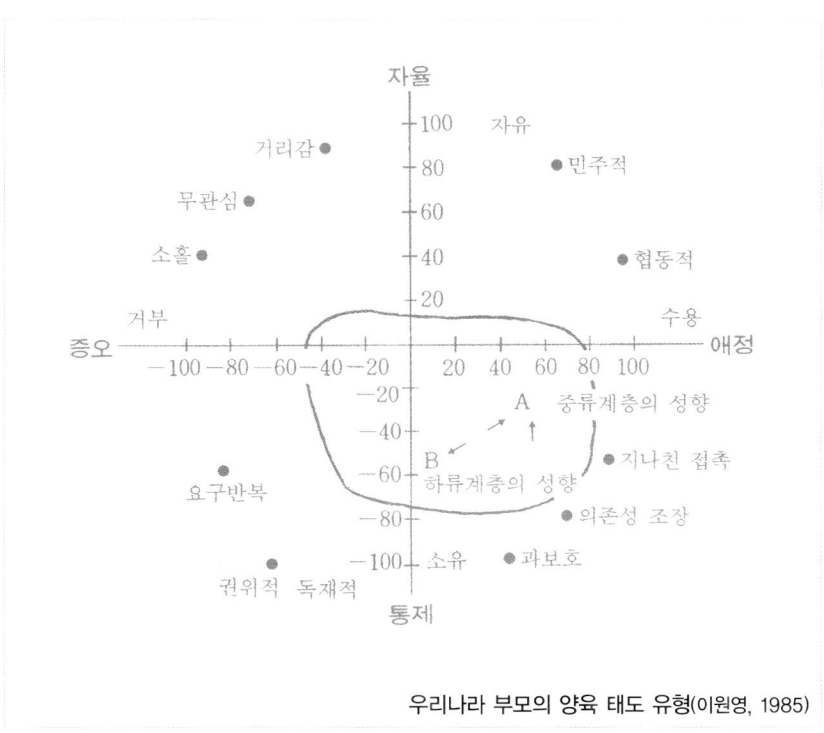

그래프 내 라벨:
자율
자유
100
거리감
80 민주적
무관심
60
소홀
40 협동적
20
거부 수용
증오 애정
-100 -80 -60 -40 -20 20 40 60 80 100
-20
A 중류계층의 성향
-40
B 지나친 접촉
요구반복
-60 하류계층의 성향
-80 의존성 조장
-100 소유 과보호
권위적 독재적
통제

우리나라 부모의 양육 태도 유형(이원영, 1985)

에 의존적 행동이 생긴다. 자신의 자녀가 너무 귀중하다고 생각돼서 다른 아이들과 어울려 노는 것을 꺼리거나, 위험한 일을 방지한다는 명목하에 밖에 나가 놀지 못하게 하는 등 과보호도 좋지 않다.

맞벌이를 하는 부모나, 부부 사이에 문제가 있어서 아기에게 미안해하는 부모들, 또 아이가 큰 병을 앓기 때문에 엄하게 대할 수 없다고 생각하는 부모들은 '죄의식'을 느끼게 되고, 이 죄의식을 보상 받기 위해서 아이의 응석을 받아주게 되는데 이 역시 아이의 의존적 행동을 조장하는 일이다.

'안 된다'라는 말을 하면 아이가 부모를 싫어하게 될 것이라고 생각해서 무조건 해달라는 대로 다 해주는 경우도 있는데 이것은 아이를 응석받이로 키우는 지름길이다. 단, 아이의 행동을 제지할 때에는 그 이유를 확실하게 밝혀주어야 한다.

부모에 대한 신뢰를 키워준다　낯선 곳에 갔더라도 '엄마는 어디 가지 않고 여기 나하고 같이 있을 거야.'라는 믿음이 있으면 아이들은 곧 이 구석 저 구석을 다니면서 탐색하기 시작한다. 아이들이 독립심을 갖고 행동할 수 있으려면 먼저 부모를 신뢰할 수 있어야 한다. 자신이 어려운 상황에 처할 때 엄마 아빠가 도와줄 것이라는 신뢰감이 있으면, 아이들은 독립적으로 행동한다.

아이를 너무 휘두르지 않는다　아기 때부터 지나치게 많은 요구를 하거나 잔소리를 하면 아이는 몹시 순종적이거나 의존적인 성격을 갖게 된다.

긍정적인 반응을 보인다　자녀들이 무얼 물어오거나 자기가 만든 것을 보여줄 때, 그 즉시 친절하게 반응해줄 필요가 있다. 아이의 요구에 합당한 이유 없이 무조건 거절하거나 질질 끌거나 "글쎄", "두고보자" 등 애매모호하게 이야기하는 일도 아이에게 불신감을 심어준다.

과잉 친절을 베풀지 않는다　과잉 친절이야말로 의존성을 기르는 온상이다. 아이가 스스로 해낼 수 있는 일은 절대 대신 해주어서는 안 된다. 일단 아이에게 합리적인 요구를 했다고 판단되면 일관성 있고 엄격하게 그 일을 하도록 요구한다.

아이가 계속 떼를 쓰거나 징징거린다고 참다못해 화를 내거나 소리지르는 일은 피하자. 아이가 떼를 쓰거나 우는 행동을 보이기 때문에 부모의 태도를 바꾸어서는 안 되지만, 합리적인 다른 이유가 생겼을 때에는 아이에게 요구했던 행동 기준을 완화할 수도 있을 것이다.

아이들은 실수하면서 배운다. 실수를 해보지 못하는 아이들은 새로운 것에 도전하보려는 용기를 잃게 되어 늘 하던 일만 하려는 성향을 갖게 된다. 실수를 한다 해도 또다시 도전하는 동안 우리들은 성취감을 느끼지 않는가?

비평에 예민한 아이

"아유, 그 사람 앞에선 아무 소리도 못해요. 조금만 서운하게 해도 금방 눈물이 글썽글썽해지거든요."

지나치게 예민한 사람들이 있다. 어디 어른들만 그런가. "애, 단추 좀 끼워라."라는 말만 해도 선생님이 자기를 미워해서 그러는 거라고 생각하며 곧 마음의 상처를 입는 아이들도 많다.

다른 사람의 비판적인 말에 거의 반사적으로 예민하게 반응하는 사람일수록 쉽게 상처받는다. 이런 성향을 가진 사람들은 위축되거나 지나치게 수줍음을 타기도 하며, 화를 내거나 슬픔에 젖는다. 장난으로 가볍게 던진 농담이라도 심각한 인격 모독으로 느끼기도 한다. 본인의 성숙에 크게 도움을 주는 충고를 듣더라도 나쁜 방향으로만 생각한다.

만 5~8세는 과민한 반응을 보이는 시기이지만 대개는 곧 잊고 다른 일에 몰두한다. 그런데 상처받은 사건을 유독 오랫동안 기억하는 아이들도 있다. 그래서 주위 사람들의 말, 표정, 행동마다 불평을 쏟아 놓는 투덜이가 되곤 한다.

자기 존중감 부족이 원인   자신에 대한 존중심이 없을 뿐 아니라 자신을 못난 사람이라고 못박는 심리 상태를 가진 사람은 과민하다. 열등감 때문에 자

신을 누가 무시하지 않게 보호해야 한다는 생각이 드는 것이다. 그래서 칭찬도 잘못된 방향으로 생각한다. "입은 옷이 참 예쁘네요." 하면 '그럼 난 밉단 소리야? 하고 부정적으로 생각하고, 또 "코가 참 예뻐요." 하면 '괜히 듣기 좋으라고 하는 소릴 거야. 코가 큰데 예쁘긴 뭐가 예뻐.' 하는 식으로 받아들인다.

또래 집단과 유난히 다르다고 느낄 때 자기를 못난이라고 치부하는 경향은 유아기 및 아동기의 아이에게서 보여지는 특징이다. 그래서 친구들과 비슷한 옷, 가방, 신발 등을 사고 싶어한다. 다른 아이들과 달리 코에 큰 점이 있다든가, 키가 몹시 작을 때, 또는 심한 곱슬머리일 때 아이들은 주위 사람들의 말이나 행동에 과민하게 반응한다.

동생이 새로 태어나거나 형이 무엇이든지 자기보다 잘할 경우에도 쉽게 상처 받는다. 갓 태어난 동생이 미워 못 견디겠는데 아기에게 친절히 대하라고 요구하고, 형이 잘하니 너도 그만큼 해야 하지 않겠느냐는 암묵적인 기대가 힘겨워서 움츠러들고 과민해진다.

아이들 중에는 과민 반응을 자기의 욕구를 채우려는 수단으로 이용하는 경우도 있다. 상대방(부모·선생님·친구들)이 자신에 대해 비판적인 말을 했다가도 과민 반응에 놀라 그 말을 취소하고 잘해주거나 비위를 맞추어주는 것을 느끼면 아이들의 과민 반응 행동은 더 심각해진다.

건설적인 비판에 대한 면역력을 키워준다 과보호·과잉 친절을 받으며 자란 아이들은 비판이나 심리적 부담감을 해결할 능력이 없다. 그러니 기회가 될 때마다 조금씩 아이의 행동에 대해서 건설적인 비판을 해주고 그에 대해 면역이 되도록 해주어야 한다. 즉 갓난아기에게 수영을 가르친다고 갑자기 수영장 물에 풍덩 빠뜨리는 식의 급진적이고 과격한 행동은 삼가해야 한다는 뜻이다.

아이의 과민 반응 행동을 고쳐주어야겠다는 의도를 마음에 두고 우스갯소리를 섞어서 이야기해주어, 아이도 그것을 웃으면서 받아넘길 수 있도록 도와주자. 자기가 원한다고 해서 뭐든지 얻어낼 수 있는 건 아니라는 것을 배우게 되면, 아이들은 자기는 부자여야 하고 똑똑해야 하고 잘생겨서 세상 모든 사람들이 자신을 부러워해야 한다는 착각에 빠져들지 않을 것이다.

도저히 이루어질 수 없는 완전성을 기대하다가 무언가 한 면이 부족한 것을 가지고 '이 세상에서 내가 제일 못나고 불행한 사람이다.'라고 느끼는 과민 반응 행동에서 탈피하려면, 무언가 소유했을 때 감사하도록 이끌어주면 된다. 최선을 다해 노력했는데도 일이 낭패로 끝났을 땐 '다음에 또 노력해보지 뭐. 이번 일은 그런 저런 이유 때문에 실패했어.'하며 사건을 객관적으로 판단하고 받아들이도록 이끌어주어야 한다. '무엇이든지 하고 싶은 대로 못할 수도 있는 법이니까'하며 관대하게 생각하는 일이 필요하다.

사물에 대해서 논리적으로 생각해보도록 유도하는 것도 좋다. 아이들은 좋다-나쁘다, 예쁘다-밉다, 희다-검다 등 흑백 논리에 근거하여 생각하는 경향이 있다. 그렇기 때문에 상대방이 나에 대해서 하는 이야기 중에서 좋다고 하는 말이 아닌 다른 말이나 행동은 모두 나쁘게 생각하기 쉽다. 이 시기의 아이들은 다른 사람이 나에 대해서 하는 비평은 그 사람의 의견이며, 사람들은 모두 각각 다른 생각을 할 수 있고 또 그래야만 한다는 사실을 깨닫기 힘들다.

"엄마, 동현이가 나더러 키가 너무 작대."

"세상엔 큰 사람도 있고 작은 사람도 있으니까. 꽃 모양이 다르듯이 말야. 너를 작다고 생각하는 건 동현이의 생각이겠지. 엄마는 키가 작든 크든 상관하지 않고 널 사랑한단다."

유치원에서 돌아와 아이가 속상해할 때 이렇게 차분하게 이야기해주면, 다르게 생각하는 것이 어떤 것이며 어떻게 반응해야 하는 것인지에 대해 인식할 수 있게 될 것이다. 이렇듯 일상 생활 속에서 부모들이 사람들과의 사이에서 생기는 크고 작은 문제들을 해결하고 이해하는 방법을 보여주면 아이들도 보면서 저절로 배운다.

살다보면 비난도 받고 욕도 듣는다. 이런 상황에 처할 때마다 부모가 먼저 그 비난을 세련되게 듣고 자신의 행동 중 고쳐야 할 점을 고치도록 노력하는 태도를 보여주면 아이들에게 좋은 모범이 된다. 다른 사람에게 자기의 행동에 대해서 이야기해달라고 부탁하고, 상대방의 의견을 경청해서 듣는 태도를 보인다면 아이들도 비평을 건설적으로 듣는 방법을 깨달을 수 있게 될 것이다.

과민하게 반응하는 아이들은 부모의 과민 행동을 그대로 본떠서 하는 경우가 많다. 아이들은 어른의 거울이라고 하지 않는가.

손가락을 빠는 아이

손가락을 빠는 행동은 만 두 돌이 될 때까지의 어린아기들에게 보편적으로 나타나며 세 돌이 되기 전에 사라진다. 오랫동안 손가락을 빨면 치열이 고르지 않게 되고 또 손톱이 빠질 수도 있다고 하지만, 만 4~5세 이전의 손가락 빨기는 그리 큰 영향을 주지 않기 때문에 걱정할 일이 아니라고 한다. 그러나 그 후에도 손가락 빠는 아이들이 있어서 어머니들의 근심을 불러일으킨다.

원인   무엇인가를 빨고자 하는 것은 아기들의 강력한 욕구이다. 손가락을 빠는 동안 아기들은 즐거움, 따뜻함, 안정감을 느낀다. 성장해가면 보다 폭넓은 활동에 흥미를 갖기 때문에 대부분 손가락 빠는 일을 자기도 모르는 사이에 멈추게 된다.

고치는 것보다 철저한 예방   고치는 것보다는 예방하는 편이 훨씬 효과적이다. 갓 태어난 아기들은 본능적으로 주먹을 입으로 가져간다. 연구 결과에 의하면 태내에서 이미 주먹이나 손가락을 빨았기 때문이라고 한다. 그러므로 아기들이 주먹을 입으로 가져갈 때마다 손을 살그머니 입에서 떼내면서 젖을 물리거나 공갈 젖꼭지나 젖병을 물려준다. 이렇게 하다보면 아기들이 태내에서 손을 빨던 습관을 잊어버려 더이상 손가락을 빨지 않게 된다.

공갈 젖꼭지를 사용하는 것은 어린아기들의 '빨고자 하는 욕구'를 채워줄 수 있어서 바람직하다. 예전 우리 할머니들은 자신의 빈 젖을 손자, 손녀들에게 물려서 공갈 젖꼭지의 역할을 한 셈이다. 할머니의 빈 젖은 입놀림과 함께 따뜻한 감촉까지 느낄 수 있게 해주었다.

두 돌이 지나도 입놀림을 계속할 때에는 일단 너무 걱정하는 태도를 보이지 않아야 한다. 아이가 듣는 앞에서 '손가락을 빨아서 걱정이야.'라고 이야기한다든가 손을 톡톡 때리게 되면 아기는 더욱 불안해져서 더 오랫동안 빨 수도 있다. 영구치가 나기 전까지는 지나친 걱정으로 오히려 아이에게 불안감을 조성할 필요는 없다. 잔소리하기, 부끄러움주기, 위협하기, 놀리기, 소리치기, 벌주기 등의 행동은 하지 말아야 한다는 뜻이다.

말을 알아들을 수 있는 나이이고 또 스스로 고치려는 의사가 있을 때에는 손가락을 넣으려는 순간을 포착하여 낮고 친절한 소리로 '손가락' 하고 지적해서 얼른 손을 빼게 한다. 눈이 마주치는 순간에 고개를 살래살래 흔들어, 안 했으면 좋겠다는 표시를 해도 좋다. 미처 보지 못한 사이에 손가락이 입에 들어가 있으면 "우리 가게에 가자.", "옆집에 놀러갈까?" 하면서 입에 물린 손을 슬쩍 빼어 잡고 나갈 수도 있다. 껌이나 오징어를 씹게 하는 것도 나쁘지 않다.

흥미로운 활동을 마련　손가락을 빼는 일보다 더 흥미로운 활동들을 마련해주어 바쁘게 하는 것도 손가락 빨기를 잊게 해주는 방법이다.

유아기 아이들은 부모가 바라는 대로 맞추려는 성향이 강한데, 이런 특성을 이용할 수도 있다.

"넌 점점 키가 크는구나. 똑똑해지기도 하고. 이제 곧 학교에 가게 되겠네.

그땐 손가락을 빨지 않겠구나. 큰 아이니까 말이야."

이렇게 기대하는 모습을 보이면 아이는 부모의 기대 수준에 맞추어 손가락

빨기를 그칠 수도 있다.

오줌싸개

갓난아이는 누구든지 대소변 가리기를 제대로 할 수 없기 때문에 문제아로 생각하지 않는다. 그러나 네 돌이 지나서도 잠자리에 오줌을 싸면 전문가들은 문제가 있다고 본다. 피곤하거나 충격적인 일이 있어서 어쩌다 한 번쯤 실수하는 일은 있을 수 있지만 말이다. 만 네 돌에서 16세에 이르는 아동 중 25%에 해당하는 아이들이 밤에 오줌싸는 문제를 갖고 있는 것으로 추정될 정도로 이 문제는 보편적이기도 하다.

원인 아직 정확하게 알려진 원인은 없지만 신체적인 미성숙이 원인이 될 수 있다. 연령은 많아지는데 비해 방광의 성숙이 더딜 경우 소변 조절을 못한다는 것이다. 이런 신체적인 특징은 부모로부터 유전된다고 알려져 있다. 연구에 의하면, 어려서 늦게까지 오줌 싼 경력을 가진 부모들의 자녀가 오줌을 늦게 가리는 경향이 있기 때문이다.

잘못된 대소변 가리기 훈련 방법도 한 가지 원인이 된다. 대소변 가리기를 돌 전후에 강제적으로 시킨다든지, 젖은 기저귀를 장시간 채워 두고 갈아주지 않아서 마른 기저귀가 젖은 기저귀보다 기분 좋다는 사실을 모른다든지, 매를 때려서 불안하게 하는 일들이 원인이 될 수 있다.

정서적으로 불안해지거나 심리적인 압박감을 느끼게 되면 제대로 대소변을 가리던 아이도 밤에 오줌을 싼다. 동생이 태어났을 때, 병이 났을 때, 집안 식구 중 누가 돌아가셨을 때, 새로운 곳으로 이사를 갔을 때 아이가 오줌을 싸기 시작하는 것은 바로 이러한 이유이다.

배변 훈련의 동기 유발 오줌싸개를 만들지 않으려면 아기 때부터 유의해서 양육할 필요가 있다. 기저귀가 젖자마자 신경질을 내며 새것으로 갈아주기보다는, 기분 좋게 아기의 엉덩이를 토닥거려주면서 "자, 우리 기저귀 갈자. 어때! 기분좋지?" 하며 갈아준다면 아기는 마른 기저귀와 엄마의 따뜻함을 연상시키기 때문에 나중에 마른 팬티를 더 선호하는 습관을 갖게 되고, 이 습관은 스스로 소변을 가리고 싶은 마음을 일으킬 것이다. 그렇기 때문에 대소변 가리기 훈련은 아기가 태어난 순간부터 시작되는 것이라고 이야기할 수 있다.

지나치게 야단을 치거나 벌을 주는 일도 바람직한 대소변 가리기 훈련 방법이 아니다. 옛날 우리 나라에서는 오줌 싼 아이에게 키를 씌워 옆집에서 소금을 얻어 오라고 하는 관습이 있었다. 수치심이나 부끄러움을 타게 해서 야뇨증을 없애려고 하였던 방법이다.

나는 비교적 늦은 나이까지 오줌을 쌌던 기억이 있다. 그래서 부모님은 여러 가지 방법을 동원하여서 이 버릇을 고쳐보려고 하셨던 것 같다. 지금 부모가 되어서야 비로소 나의 부모님이 얼마나 걱정이 되셨으면 그런 방법을 쓰셨을까 이해할 수 있지만, 어렸을 때에는 앙심을 품었던 때가 한두 번이 아니었다. 바로 아랫 동생은 밤에 실수를 하지 않는데, 내 경우 노력을 하면 할수록 실수는 더 잦았다.

"넌 동생보다도 못하구나. 여기 손들고 서 있어.", "키를 쓰고 옆집에 가서 소금 얻어 와(이 방법이 제일 싫었다.)." 하시거나 매를 드셨다. 방 한구석에서 벌을 서면서 '이 다음에 내가 엄마가 되면 오줌 쌌다고 아이를 벌주어야지.', '때려줘야지.', '아냐 아냐. 잘해줘야지. 나도 지금 막 속상하니까.' 하며 궁리하던 생각이 난다.

야단치거나 벌 세우는 등의 방법들은 아이의 불안증을 더 심하게 만들 뿐이다. '일어나서 누어야지.' 하는 자발적인 의도보다는 '야단맞으면 어떡하지. 큰일인데.' 하는 생각이 앞서기 때문에 불안해져서 상태는 더욱 악화되기 일쑤이다. 실수를 지적하기보다는 실수하지 않은 날 가만히 안아주면서 낮고 친절한 소리로 "오줌을 싸지 않아서 기분이 좋겠구나!" 하고 말해서 엄마 자신이 기쁘다는 뜻을 전해준다.

잠자리에 들기 전에는 물이나 물이 많이 들어 있는 음식을 주지 않는 것도 효과적인 방법이며, 아이가 대체적으로 실수하는 시간대를 관찰하였다가 미리 깨워서 뉘는 방법도 쓸 수 있다.

가장 효과적인 방법은 아이의 협력을 얻어 하는 것이다. 대소변 가리기야말로 아이 자신과 관련된 개인적인 일이기 때문에 본인이 하고 싶다는, 아니 해야겠다는 생각을 느껴야만 가능하다. 자신에게 늘 좌절이나 갈등을 주는 부모에게 말로는 대들지 못하고 오줌 싸는 행동으로 반항하는 어린아이들은, 무의식적으로 소변 가릴 의사를 버린 셈이라고 볼 수 있다. 자기를 방어하는 수단으로, 또는 부모로부터 주의 집중을 받아보려는 수단으로 오줌을 싸는 것이다. '일어나서 눠야지.', '마른 팬티가 기분 좋으니까 눠야지.' 하는 동기유발이 강할수록 대소변을 쉽게 가린다. 자율신경이 발달해야만 가능한 일이기 때문에 타율적인 부모의 지시나 강요는 비효과적일 수밖에 없다.

대소변 가리기 훈련에서 부모가 지켜야 할 두 가지 원칙이 있다.

첫째, 서두르지 말고 생후 두 돌이 지난 후에 배변 훈련을 시작한다.

둘째, 성공했을 때에는 "참 잘했어." 하며 인정해주고 아이가 실수했을 때에는 아무 말 없이 주변 정리를 해준다.

아이가 대소변을 보고 싶은 낌새를 보이면 얼른 변기에 앉힌다. 이때 아이가 성공하면 아주 기쁜 모습을 보여주며 "쉬했네.", "응가했네." 하며 엉덩이를 토닥이거나 꼭 안아주면 아이가 대소변을 변기에 누는 것이 좋다는 것을 인식하게 된다. 이런 과정 중에 실수를 하면 "괜찮아. 우리 옷 갈아입자." 하며 돌보아주면 된다. 부모가 지나친 욕심만 부리지 않으면 된다.

아이의 자발적인 선택으로 대소변을 가리게 하는 것은 부모에게는 극기훈련과 같다. 훈련에 의해 어느 날 갑자기 대소변을 가리는 것이 아니라 가릴 줄 알다가 다시 실수하고, 기저귀를 다시 채워야 하는 게 아닌가 하고 채워놓으면 "쉬 마려워요." 하며 제대로 눈다. 급하게 가리게 하려고 걱정과 불안으로 전전긍긍하기보다는 '이렇게 계속 노력하다보면 어느 날 가리겠지' 하는 느긋한 마음을 갖고 아이를 도와주면 된다.

두 돌 이후부터 훈련 시작　아이들이 스스로 대소변을 볼 수 있게끔 지시하는 자율신경은 생후 18～24개월 사이에야 제대로 기능하게 된다고 한다. 그러니 생후 두 돌 이전에 대소변 가리기 훈련을 시작한다면 아이들에게 무리를 주게 될 것이 당연하다. 기저귀를 빨리 떼야겠다는 성급한 마음에 돌 전후부터 훈련을 서두를 때, 의도했던 바와는 달리 오줌싸개를 만들 가능성이 높아진다. 아무리 빨리 가리는 아이도 두 돌이 지나야 화장실 가서 대소변을 봐야 한다는 개념을 터득한다. 개념을 터득한 후에도 대소변을 제대로 가리는 것은 오래 걸린다.

오줌을 싸지 말아야 할 텐데 하는 불안증은 곧 화장실 출입을 잦게 하고, 이렇게 자주 소변을 보다보면 방광이 소변의 양을 보유하는 능력이 낮아지게 된다. 무엇보다도 아이들이 소변 보는 일에 대해 불안해하지 않는 것이 중요하다. 지나치게 자주 소변을 보러 다닐 때에는 "자, 우리 이 시계바늘이 여기쯤 올 때까지 화장실에 가지 않고 참을 수 있나 보자." 하는 식으로 소변을 참아보는 기회를 갖게 해줄 필요가 있다.

잠버릇

잠을 제대로 잘 잔다는 것은 아이의 신체적 기능이 원활하다는 것을 의미할 뿐 아니라, 심리적으로도 안정을 누리고 있다는 것을 뜻한다.

자녀가 쉽게 잠을 자지 못하거나 잠이 들더라도 숙면하지 못하고 밤중에 깨어나곤 하면 부모까지도 잠이 부족해서 고통을 당한다. 두 돌까지 대부분의 아이들은 잠을 정상적으로 자지 못한다. 이런 상태는 점점 좋아지게 되는데, 아이에 따라서는 큰 후에도 잠버릇이 제대로 들지 않는 경우가 있다.

대부분의 원인은 꿈　꿈과 현실을 아직 구분할 수 없는 연령의 아이들이기 때문에, 꿈을 꾼 것도 실제로 일어난 것으로 착각하고 투정을 부리거나 울어버리는 등 속을 썩일 때가 있다.

자신이 눈을 감기만 하면 엄마나 아빠가 사라질 것이라고 단정지어버리는 아이들의 인식도 한 가지 원인이다. 아기들은 눈앞에 있던 물건이나 사람이 보이지 않게 되면 그것이 영원히 없어졌다고 생각하는 발달적 특징이 있다. 사물에 대한 인지적 개념이 자기 중심적이기 때문이다. 그렇기 때문에 어린 아기 중에는 자기가 자는 동안 엄마나 아빠가 사라질까봐 걱정이 되어 꼭 붙들어야 잠을 자거나 아예 깊이 잠이 들지 못하는 경우도 있다.

잠은 주기가 있다. 처음에는 얕은 잠을 자다가 깊이 잠들고, 다시 얕은 잠으로 돌아오는 주기가 하룻밤 사이에 네다섯 번 일어난다.

위에서 밝힌 여러 가지 이유들이 복합적으로 작용해서 정상적인 아이들도 어렸을 때에는 잠 때문에 문제를 일으킨다. 근심되는 일이 많다든가, 내적인 갈등이 느껴질 때, 신체적인 고통이 있을 때, 긴장감이 일어났을 때, 어둠에 대한 공포감이 생겼을 때 아이들은 혼자 자려고 하지 않고, 자더라도 깜짝 놀라서 깨어나곤 한다.

부모와의 관계 안정이 가장 중요　서양에서는 저녁 7시마다 빨리 잠을 재우려는 부모와 싫다는 어린아이 사이에 실랑이가 벌어지곤 한다. 7시가 넘으면 자기 방에 가서 자야 한다는 서양 가정의 양육 습관 때문이다. 우리 나라의 취침 습관은 서양과 달라 이런 문제는 적은 편이다.

잠과 관련된 문제가 일어나지 않도록 예방하고, 또 문제가 일어났을 경우 해결을 잘 하려면 무엇보다도 아이와 부모와의 관계가 안정될 필요가 있다. 눈을 감고 자더라도 부모가 없어지지 않는다는 것을 아이가 확신할 수 있어야 할 것이다.

서양처럼 저녁 7시가 되면 반드시 침실로 들어가 자야 한다고 강요할 일은 아니지만, 적어도 9시에는 아이들이 잘 수 있도록 미리 분위기를 만들어줄 필요는 있다. 하루 종일 뛰어놀다가 밤 11시나 12시가 되도록 연속극, 뉴스, 명화극장까지 어른들과 함께 보게 되는 아이는 주의집중력도 산만해지고, 잠이 부족하여 칭얼거리는 행동을 보일 수도 있다. 그러므로 8시가 되면 아이에게 책을 읽어준다든지, 이야기를 들려주어 즐겁게 잠자리에 들도록 해준다. 아이에겐 자라고 하고 부모들은 텔레비전을 크게 켜 놓고 재미있게 보고 있다면 아이가 말을 들을 리 없다.

밤중에 놀라 깨었을 때는 가슴에 꼭 껴안아주어 아이의 입장을 이해하고 안쓰럽게 느낀다는 것을 알게 해주는 것이 좋다. 아무리 무서운 동물이 나타난다고 해도 부모님만 있으면 겁날 것이 없다는 안정감이 생기면 아이는 다시 쉽게 잠에 빠져들 것이다. 아이들은 혼자 자는 것을 두려워하는 경우가 많은데, 형제끼리 함께 자도록 한다거나 할머니, 할아버지 방에서 재우는 것도 좋다.

아이가 꽤 크도록 부모들과 함께 잘 때는 부모의 성 관계를 들키지 않도록 주의한다. 아기일 때는 부모 중 한 사람은 가해자이고 다른 한 사람은 피해자라고 느껴 무슨 불행한 일이 일어날지도 모른다고 생각할 수 있고, 좀더 큰 다음에는 자기도 엄마나 아빠처럼 해보고 싶다는 모방 심리가 작용할 가능성도 많기 때문이다.

아이가 돌이 될 무렵부터는 따로 재우거나, 할머니 할아버지와 함께 자도록 배려를 하는 것이 바람직하다. 만 4~5세가 된 남매를 한 이불 속에 재우는 일도 피하는 것이 좋다. 방을 따로 마련해서 재우는 것이 좋으나, 그럴 수 없는 형편일 때에는 잠자리라도 따로 마련해서 재우도록 해야 할 것이다.

밤에 아기가 깨어서 부모의 이불 속으로 기어 들어오면 안아주어 안정감을 주는 것이 좋다. 내처서 자게 하기보다는 아이 방으로 데려다주어 아침에 눈을 뜨면 자기 자리에서 일어나도록 해주어야 자립심이 생긴다.

무엇보다도 중요한 것은 아이의 마음에 사랑을 채워주는 일이다. 부모는 나를 사랑하기 때문에 나를 버리지 않을 거라는 믿음이 자리잡힌다면, 아이들은 무서운 꿈을 꿀 때도 엄마나 아빠 품에 안기기만 하면 다시 안심하고 잠을 잘 수 있을 것이며, 캄캄한 밤중이라도 마음 속에 사랑의 빛이 있어 두렵지 않게 될 것이다.

잘 먹지 않는 아이

서양에서는 뚱뚱해지는 어린이들이 많아 부모들이 고민을 많이 하는 편이다. 더군다나 날씬한 몸매를 아름답다고 생각하는 것이 미의 기준이기 때문에, 어떻게 하면 아이들을 아기 때부터 날씬하게 키울까 하고 여러 가지 방법을 쓰곤 한다. 특히 어린 시절에 뚱뚱했던 아이들 중 60~85%가 커서도 뚱뚱해진다는 서양 사회에서의 연구 결과는 부모들을 불안하게 만들곤 한다.

우리 나라도 예전에 비하면 비만아가 늘기는 했으나, 아직도 잘 먹지 않아 걱정하는 어머니들이 더 많은 편이다. 자기 주먹만한 크기의 위에 들어갈 수 있는 음식의 양이 한정되어 있건만 부모들은 계속 먹지 않는다고 걱정을 하고 잔소리를 늘어놓는 것이 보통이다.

이렇게 우리 나라 부모들이 먹는 것에 대해 과민하게 신경을 쓰는 이유는 우리의 슬픈 역사와도 연관이 있는 것 같다. 외세의 침략을 자주 받아 왔기 때문이 굶주려야 할 때가 많았고, 음식이 앞에 있으면 일단 먹고봐야 생존할 수 있었기 때문에 음식은 곧 건강이자 생존이기도 했던 것이다.

여하간 아이는 여기저기 돌아다니고, 어른들이 밥그릇과 숟가락을 들고 쫓아다니며 음식을 먹이는 모습은 우리 나라에서만 볼 수 있는 기이한 양육 습관이기도 하다.

먹는 습관이 형성되지 않은 것이 원인　편식을 하거나 음식에 대해 까다로운 부모를 둔 아이들은 그 행동을 닮아서 자기도 음식 먹는 습관이 까다로워질 수 있다. 좋은 행동보다는 별로 좋지 않은 행동을 아이들은 쉽게 모방하곤 한다. 또 기질적으로 음식을 적게 먹는 아이도 있다.

외국인들이 먹는 음식이나 새로운 종류의 음식에 대해 부모나 주위 사람들이 거부 반응을 보이면 아이들도 거부 반응을 보인다. 그래서 새로운 음식을 먹어보려는 용기나 융통성이 없어 해외 여행을 두려워하고, 심지어는 다른 집에 가서 음식을 먹는 것조차 꺼려하게 된다.

아이들이 잘 먹지 않으려고 하는 중요한 원인 중의 하나는 심리적인 줄다리기이다. 부모들은 먹으라고 야단을 치고 아이들은 먹지 않겠다고 떼를 쓰는 동안 묘한 심리가 형성된다. 어른들은 이 게임에서 이겨야만 부모로서의 체면이 선다고 생각하고, 아이들은 밥을 먹기는 하지만 부모를 위해서 어쩔 수 없이 먹는다고 생각하게 된다.

여기서 우리는 잠깐 생각을 정리해보아야 한다. 음식을 먹는 일이 어찌 부모를 위한 일이 될 수 있는가? 그러나 부모를 위해 밥을 먹는 것이라고 생각을 굳힌 아이들은 그 다음부터는 음식을 먹지 않는 것을 미끼로 삼아 자신이 요구하는 일을 다 이루려고 한다. 이렇게 되면 먹는 일만 문제가 아니라 다른 문제행동들도 잇따라 일어나게 될 것이다.

다양한 음식을 접하도록　고르게 잘 먹는 습관을 형성하려면, 이유식을 시작할 때부터 다양한 음식을 맛보게 해야 한다. 그러나 이유식에는 밥과 시금치, 밥과 당근, 밥과 당근과 쇠고기 등 2~3종의 식품만 함께 넣는 것이 적당하다. 독특한 맛을 뇌에 입력시키기 위해서이다. 너무 많은 종류의 음식을 섞으면 하나하나의 독특한 맛이 뇌에 저장되지 않는다.

음식을 먹는 일이 유쾌하고 즐거울 수 있도록 분위기를 만든다. 스스로 음식을 집어먹을 수 있게 되면 알맞은 크기의 수저를 준비해주고, 아이가 먹을 수 있을 양만큼만 덜어주고, 먹는 일에 대해 "깨끗이 먹어라.", "이것도 먹어라."는 등 잔소리를 하지 않는다. 빨리 먹으라고 서두르지 않는 것도 아이 스스로 즐겁게 먹게 해주는 방법이다.

시장이나 슈퍼마켓으로 식료품을 사러갈 때 아이를 데리고 가서, 자신이 먹고 싶어하는 것을 고르게 하는 것도 즐거움을 더해주는 방법이다. 이때 아이가 잘 모르거나 싫어하는 식료품을 엄마가 골라 넣으면서 "음, 이건 시금치구나. 맛있게 무쳐 먹어야지." 하면 아이들은 자기도 모르게 '엄마는 저걸 좋아하시는구나. 나도 좀 맛봐야겠다.'는 생각을 하게 될 수 있다. 잔소리를 하는 일보다 몇 배나 더 효과가 있을 것이다.

음식을 준비할 때 아이도 함께 거들게 하면 만드는 음식에 대한 기대감을 키울 수 있다. 생선전, 과일 샐러드 등은 아이들도 쉽게 도울 수 있다.

남자가 부엌에 들어가는 일은 창피한 일이라는 고정 관념 때문에 못하게 한다든지, 이 다음에 시집가면 지겹도록 할 텐데 뭐 하러 지금부터 고생을 시키는가 싶어 못하게 한다는 부모들은 아이의 욕구를 알지 못해서 하는 소리이다. 아이들은 엄마와 함께 무엇을 만드는 것이 좋아서, 또 생선이나 채소 같은 재료가 모양이 변해서 맛있는 음식이 되는 게 신기하니까 끼어들고 싶은 것이다. 자기가 만든 만두 모양을 찾느라 만두국 그릇을 뚝딱 비울 것이고, 자기가 생선전을 부친 것이 자랑스러워서 요리조리 베어먹을 것이 뻔하다.

자기 자신을 위해 먹어야 한다는 필요를 알고 음식을 먹게 되면 여러 가지 나쁜 식습관을 고치기 쉽다. 아예 나쁜 습관이 생기지 않을 것이 분명하다.

아이들이 바른 태도로 음식을 먹거나, 무엇이든 골고루 먹을 때에는 그 순간을 놓치지 않고 칭찬해주는 일이 또 중요하다.

"넌 언제나 무슨 음식이든지 맛있게 먹어서 고맙구나."

"음식을 남기지 않고 먹으려고 하는 태도가 참 좋단다."

"이것저것 골고루 먹으니 이젠 튼튼해지겠네."

이런 말들을 들으며 아이들은 '응, 우리 엄마가 원하는 건 무엇이든 골고루 잘 먹는 거구나.' 라는 개념이 생길 것이다.

"아유, 우리 애는 먹지 않아서 큰일이에요."

"우리 아이는 편식을 한다니까요."

"우리 애는 쫓아다니면서 먹여야 겨우 먹어요."

이런 이야기를 아이들이 듣는 데서는 절대 하지 말아야 한다. 이런 말들을 들으며 아이들은 '응, 우리 엄말 속상하게 하려면 음식을 먹지 않으면 되겠구나.' 하는 부정적인 생각을 하게 될 테니까.

밥상을 차려 놓았는데 아이가 먹지 않겠다고 한다면 "지금 먹지 않겠니? 그럼 상을 치우도록 하자." 하고 조용히 밥상을 치운다. 아이가 아무것도 먹지 않아 안쓰럽다고 생각하여 아이스크림, 과자 등을 사주는 행동도 삼가한다. 혹시 "엄마, 배고파, 뭐 사줘." 한다면 "응, 너 아까 배부르다고 먹지 않았잖아. 간식은 안 되겠다. 나중에 식구들하고 밥 먹을 때 함께 먹기로 하자."고 조용히 타이르도록 한다. 적어도 세 끼 정도 그런 식으로 하게 되면 아이들은 '안 되겠다. 밥은 끼니 때 먹어야지 안 그러면 배고프구나.' 하고 생각해, 군말 없이 밥을 잘 먹을 것이다.

사흘을 꼬박 굶는다 해도 생명에는 지장이 없다. 우리 나라 부모들은 아이가 한 끼만 굶어도 큰일나는 줄 알고 겁내는 태도를 보인다. 그럴수록 아이는 더 고집을 부리며 자신의 요구를 관철시키려고 하는 것이다.

형제 싸움

형제 싸움은 질투와 적개심 때문에 일어나며 어느 집에서나 볼 수 있다. 어느 곳에서나 형제가 있으면 싸움이 일어나는 것이 당연한 일인데도 부모들은 이 문제 때문에 속상해한다. 혹 내가 아이들을 잘못 키우고 있는가 하는 걱정도 한다.

그러나 싸움은 성장해나가는 과정에서 일어나는 정상적 특징이다. 싸우고 난 뒤, 이를 해결해보는 과정에서 아이들은 자기와 다른 의견을 조정하는 방법을 터득하게 된다. 다시 말해서 사회성 발달을 이루게 되는 것이다.

형제들간에는 서로 경쟁하고자 하는 심리가 있기 때문에 다툼이 불가피하게 일어난다. 물론 질시와 미움으로 싸움을 한다면 형제 관계에 문제가 있는 것이지만, 싸움을 하면서도 서로서로 만족을 느끼고 사랑하는 마음을 갖고 있다면 그렇게 문제 삼을 필요는 없다.

다양한 원인

첫째, 부모로부터 애정, 사랑, 인정을 받고자 하는 욕구가 지나치게 많을 때, 또 그 누구보다도 부모의 관심을 많이 받고 싶을 때

둘째, 부모가 자기보다 다른 형제를 더 예뻐한다고 생각할 때, 혹은 실제로 형제 중에 부모가 특히 좋아하는 아이가 있을 때

셋째, 집안 식구가 아닌 다른 사람과 한 집에서 오랫동안 지내야 할 때

넷째, 부모에 대한 미움을 어린 동생에게 퍼부을 때

다섯째, 부모가 싫어하는 아이가 있을 경우, 다른 형제들이 부모를 따라 그 아이를 미워할 때

여섯째, 형제 중 한 아이는 무엇이든지 뛰어나게 잘하고 한 아이는 못할 때, 능력이 모자라는 아이가 잘하는 아이에게 공격적이 될 때

형제 싸움을 예방하기 위한 부모의 역할

첫째, 자녀 한 명 한 명을 그 아이 나름대로 사랑해준다. 공부를 잘하는 아이는 공부로, 공부를 못하는 아이는 다른 장점을 골라 칭찬하고 격려한다. 사랑, 칭찬, 인정도 아이가 갖고 있는 개별성에 맞추어서 해야 할 것이다.

둘째, 모든 형제를 공정하게 대해야 한다. "너의 형 봐라.", "네 동생 좀 닮아라." 하는 등 형제간의 능력이나 행동을 비교하지 않는 일은 바로 공정성을 유지하는 일이다. 특별히 한 아이만을 편애하지 않는 것도 공정성을 보이는 방법이다. 한 아이의 이름만을 더 자주 부른다든가, 한 아이하고만 외출을 한다든가, 형제 중에 한 명만을 아기 취급해서 과보호하는 일들은 아이들을 공정하게 다루지 못하는 것이다. 형제 중에 특정한 아이하고만 이야기를 많이 하고 더 많은 시간을 함께 보내는 일도 삼가할 필요가 있으며, 둘째는 첫째가 쓰던 것을 물려주고 새것은 모두 첫째만 사주는 일도 피해야 한다.

셋째, 아이 한 명 한 명과 특별히 '사적인 시간'을 갖고 둘만의 대화를 나누는 것도 좋은 방법이다. 그 시간만큼은 엄마나 아빠와 은밀한 이야기를 나눈

다고 생각하면 아이들은 자기만이 특별한 대우를 받는다고 생각하게 된다.

그러나 무엇보다도 중요한 일은 자기 중심적으로 제 일만 생각하지 않고, 다른 사람의 입장에 서보아 상대방을 이해하려는 태도를 갖도록 가르치는 일이다.

"네가 그런 행동이나 말을 했을 때 상대방은 어떻게 느낄까? 생각해보자." 하고 상대방에 대해 연민의 정을 느끼는 습관을 갖게 해주자.

사회란 혼자 사는 곳이 아니라 함께 어우러져야 서로가 행복해지는 곳이기에 반드시 가져야 할 태도이기도 하다.

앞에서도 이야기했지만, 형제 싸움이 심해지지 않도록 하려면 예방이 제일이다. 새로 태어난 아기에게 관심을 주어야겠지만 큰아이가 "여전히 나는 엄마, 아빠의 사랑을 받고 있어.", "난 이 집에서 제일이야.", "동생보다 내가 엄마, 아빠, 할머니의 사랑을 받고 있어."라고 느끼도록 해주면 질투심 때문에 싸움이 일어나는 경우가 줄어들고 형제애도 깊어진다.

너희 아이는 네 아이가 아니다.

그들은 삶을 지속하려는 삶 자체의 아들이며 딸이다.

그들은 너를 통해서 왔을 뿐이지 너로부터 온 것은 아니다.

그들은 너와 함께 살지만 네게 속하지 않았다.

너는 그들에게 사랑을 줄 수는 있으나 생각을 줄 수 없을지도 모른다.

그들 나름대로의 생각이 있기 때문에 너는 그들과 같아지도록 노력할 수는 있겠으나

너와 같아지도록 만들지는 못할 것이다.

생은 뒤로 가지도 않고 과거를 따르지도 않는다.

너는 활이고 어린이는 화살이다.

하느님께서는 힘껏 날아가는 화살도 사랑하시지만

보내는 활도 사랑하신다.

─칼릴 지브란 《예언자》

우리 아이 좋은 버릇들이기

1판 1쇄 펴냄 1987년 5월 20일
2판 1쇄 펴냄 1998년 10월 29일

3판 1쇄 펴냄 2004년 3월 25일
3판 13쇄 펴냄 2013년 11월 30일

글 · 이원영
그림 · 김동성
펴낸이 · 김성구

인쇄 · 서진인쇄 │ 제본 · 대흥제책 │ 용지 · 월드페이퍼

펴낸곳 · (주)샘터사 │ 등록 · 2001년 10월 15일 제1-2923호
주소 · 서울 종로구 동숭동 1-115(110-809)
전화 · 아동서팀 (02)763-8963 마케팅부 (02)763-8966
팩스 · (02)3672-1873 │ e-mail · kidsbook@isamtoh.com

ⓒ 글 이원영 1987, 그림 김동성 2004
ISBN 978-89-464-1402-0 03370
이 도서의 국립중앙도서관 출판시도서목록(CIP)은 e-CIP 홈페이지
(http://www.nl.go.kr/cip.php)에서 이용하실 수 있습니다.(CIP 제어번호 : CIP2004000650)

샘터 1% 나눔 실천 샘터는 2005년부터 모든 책 인세의 1%를 '샘터파랑새기금' 으로 조성하여 아름다운재단의
소년소녀 가장 주거비로 기부하고 있습니다. 2012년까지 약 5,400여만 원을 아름다운재단에 기부하였으며,
앞으로도 샘터의 모든 책은 1% 나눔 실천을 계속할 것입니다.